JN168881

成清 美治

デンマークに学ぶ
介護専門職の養成

学文社

はじめに

一九八七（昭和六二）年に「社会福祉士及び介護福祉士法」が制定され、介護福祉士は介護業務に携わる「専門職」として位置づけられている。現在、介護保険制度のもとで在宅・施設サービスの主たるスタッフとして重要な役割を担っている。

しかし、介護労働における低賃金、重労働、長時間勤務が支障となり、いわゆる3K（きつい、きたない、きけん）の職種として若年層から敬遠されている。特に低賃金は日常生活に密接に関係する問題であるので慢性的人手不足の根本的原因となっている。賃金の規定は介護保険法が定めた介護報酬にあり、また労働条件を規定している人員配置基準は、施設形態ごとに定められている。この厳しい労働条件が原因でマスコミを賑わしている利用者に対する虐待（身体的虐待、心理的虐待、性的虐待、経済的虐待等）を誘発していると考えられる。

介護報酬に関してはこれまで幾度かの介護保険法改正により若干の改善が図られてきたが、充分な改善には至っていない。そのため各介護事業所に勤務する介護従事者の平均賃金は、一般の労働者の平均賃金と比較して、月額約一〇万円の差が生じている（保育士も同じ状況にある）。

このことが介護福祉士養成所機関（大学・短大・専門学校等）での入学者数の減少を招き、

介護現場において恒常的な介護人材不足の要因となっている。介護人材確保に関する法律として、国は「介護従事者等の人材確保のための介護従事者等の処遇改善に関する法律」（通称：介護人材確保法）（二〇〇八年）等を制定した。この法律は平成二一年四月一日までに介護従事者等の賃金水準を調査し、介護従事者等の賃金改善を促進する施策であるが、有効な効果をあげるまでに至っていないのである（ただし、国は二〇一七年度から保育士と介護職員の賃金を平均月額で保育士は約六千円、介護職員は約一万円の賃上げをする予定である）。

こうした一連の状況のもとで「地域における医療及び介護の総合的な確保を推進するための関係法律の整備等に関する法律」（通称：医療介護総合推進法）（二〇一四年）が制定され、新たに医療と介護の連携が打ち出された。同法律では介護については地域包括ケアシステムの構築と費用負担の公平を明示している。

本書執筆にあたり、デンマークに関連する諸論文、諸文献、情報等の収集・検索は無論、デンマークの高齢者福祉の現状を知る為ボーゲンセン市、コリング市等を視察（二〇一三年一一月一七～二四日　主催：高齢者住宅財団）並びに同国ネストヴェズ市のケアスタッフ養成校（SOSU）を訪問・視察（二〇一四年九月一四～二一日　主催：福祉フォーラムジャパン）した。なお、同校で養成上のカリキュラムのレクチャーをうけ、同時にネストヴェズ市の高齢者住宅の訪問介護を体験する機会を得た。

同国の介護専門職である社会保健ヘルパー（SSH：レベル1）と社会保健アシスタント（SSA：レベル2）の養成上の最大の特徴は、SOSU在学中のすべての学費・教材費は無料で、在学中は年齢に応じて一定の給与が支給されることである。しかもカリュキュラム内容は、長時間の学習に重きを置くと共に、地域包括ケアシステムのもとでのニーズの多様化・多種化（すべてのケア問題）に対応することができるよう、一般科目において医学関連科目、看護学等を開講し、人間に関する科目を網羅している。

本書の目的は、介護福祉士の「量的問題」を考察すると同時に「質的問題」に重きをおき、デンマークのSSH、SSAのカリキュラムを参考に地域包括ケアの視点のもと、医療的ニーズと福祉的ニーズに合致した看護資格（准看護師）と介護資格（介護福祉士）を合体した専門職としての「社会介護保健師」（仮称）を提案することである。

二〇一六年五月吉日

成清　美治

もくじ

第1章 デンマークの民主主義思想

デンマークの概要であるが、面積は、同国自治領のグリーンランド（二一八万平方キロメートル）と本国から約一、〇〇〇キロメートル離れたフェロー諸島（約一、四〇〇平方キロメートル）を除くと、国土はユトランド半島、フュン島、シェランド島と周辺の約五〇〇の島々を含めて日本の九州よりやや大きく、面積は約四万三、〇九八平方キロメートルである。人口は、五五八万人（二〇一二年一月現在）で、一人当たりのGDPは五万九、九二八米ドルである（IMFの統計による）。このように同国は地理的には「小国」であるが、国民一人当たりのGDPは日本より高く世界でも屈指の高い生活水準を維持している。

このような、高度な生活水準にあり、「世界でもっとも幸せな国」として自国民並びに世界の人びとが認める同国であるが、他の北欧諸国と同様、何時ごろから「社会福祉国家」として、世界に名だたる地位を築いたのであろうか。

かつてデンマークは、北欧に君臨した時代があったが、ナポレオン戦争（一七九一－一八一五年）に参戦し、敗戦国となり政治的に小国に転落することになった。

しかし、デンマークにロマン主義が開花し、同国の思想的基盤（民主主義）を構築したのは以下の三賢人である。まず、キリスト教を通じて、人間性解放を農民に訴えた哲学者で、詩人、教育者、政治家でもあり、国民高等学校の「理念的な父」グルントヴィ

（Grundtvig, N. F. S.：1783–1872）。次に理想の国を夢見た童話作家のアンデルセン（Andersen, H. C.：1805–1875）。そして、自立・自己決定を実存哲学にて示唆したキルケゴール（Kierkegaard, S. A.：1813–1855）である。この三賢人が今日のデンマークの社会福祉国家の理念・思想を築いたのである。

その後、第一次世界大戦が勃発し、中立を表明した。しかし、隣国ドイツの圧力をうけ、ドイツと不可侵条約を締結したが、第二次世界大戦では、同条約を締結していたにもかかわらず一九四〇年に同国によって一日で占領されたのである。この間、ドイツ軍に非合法活動をした罪で逮捕され、大戦終了後、「ノーマライゼーション」の思想を創設したバンク－ミケルセン（Bank-Mikkelsen, Neils Erik：1919–1990）の功績を忘却することはできない。第二次世界大戦後、デンマークでは、「国民年金制度」（一九五六）、「知的障害者福祉法」（一九五九）、「社会支援法」の施行（一九七六年：一九九八年に「社会サービス法」に改定）、「男女雇用平等法」（一九七八）が成立した。そして、一九八二年には高齢者福祉サービスの基本原則である「高齢者三原則」、高齢者の住宅を促進する「高齢者住宅法」（一九八七）等国民の生活の根幹となる諸法律を制定したのである。

ここで、今日の社会福祉国家デンマークの礎となった三賢人について述べることにする。最初に今日の民主主義に基づくデンマーク教育の構築に多大なる影響を与えた人物として、教育者、宗教家、哲学者、詩人、政治家であるグルントヴィをあげることができる。彼は国民高等学校（フォルケホイスコーレ：folkehøjskole）の構想を生み出したことで有名であるが、その教育理念は従来の「教える」教育ではなく、生きることを啓発した「生のための学校」である。教育の具体的内容は、試験や単位を廃止し、資格も付与せず、国家の干渉をうけない精神の自由と人間解放を目指す私立学校であった。

彼は一七八三年にシェラン島南東部のウドビィの牧師の家に生まれた。そして、彼の教育理念（「生のための学校」）を継承したデンマークで最初の国民高等学校が一八四四年に誕生した。その後、グルントヴィの教育理念に影響をうけた一人であるコル（Kold, C. M.：1816–1870）によって国民高等学校が全国に展開された。

ここで、グルントヴィの足跡を簡単に回顧する。彼は、当時流布していたフランス啓蒙思想やドイツ文化を否定し、デンマーク独自の文化（＝農民文化）を尊重し、キリスト教を通じて、人間性の解放を訴え、穏健的国民国家の形成を望んだ。一九世紀前半のデンマークは、ナポレオン戦争に参戦して敗戦国となり、プロイセンはじめヨーロッパの列強の動向に左右されるという国家混乱期にあった。こうした、混乱期にあってヨーロッパ革命の影響をうけ、絶対王政のもとで抑圧されていた農民が各地で農民解放運動をおこした。農民運動はのちに「農民の友協会」（一八四六年）の結社となり、コペンハーゲンの市民運動と連携し、デンマーク絶対王政崩壊の基盤となった。グルントヴィの思想は、精神的に疲弊していた農民に運動を通じて人間性の解放の大切さを訴えた。

また、彼は「真のデンマーク人」とは、「貧しいけれども、神の与えた緑の大地をもち、それを育て、花が咲き、実を結ぶのを見る喜びをもった人びとと友になる」人であり、「あらゆる人間の自由と独立、高貴な自負、名誉、尊敬を破壊するような言論の暴力者・学者・傲慢の高みにいる者と戦う者」であると説いた。(1)

彼の人民主義思想が多くの讃美歌となり、人びとの精神に安定と安らぎを与えた。グルントヴィの思想は今日においてもデンマークの人びとの心の糧となっているのである。

注

(1) 清水満『生のための学校（改訂新版）』新評論、一九九六年、九八－九九ページ

※第1章は、拙論「デンマークの高齢者福祉の現状と課題」『神戸親和女子大学大学院研究紀要』第一〇巻、二〇一四年、一－一四ページを加筆・訂正したものである。

第2章

デンマーク社会福祉国家への途

デンマークの社会福祉は、同国だけでなく他の北欧諸国（スウェーデン、フィンランド、ノルウェー、アイスランド）に影響を与えている。具体的には、理念・制度・政策・実践等であり、北欧諸国共通の福祉モデルの規範となっているからである。

スカンジナビアモデルの基礎を築いたのがデンマークであるが、その構築は、一九世紀に遡ることができる。一九世紀に入り絶対王政の終焉を迎えた同国は、ドイツとのスレースヴィ戦争（第一回：一八四八－一八五一年、第二回：一八六四年）にて敗戦国となり、敗北によって国民は精神的に打ちのめされた。

その結果、一八四〇年代に盛んとなった農民運動（自由主義運動）による民主主義思想が途絶えかけたが、グルントヴィによる国民高等学校の教育を通じて、国民意識と愛国心が生まれ、同国の政治的、精神的醸成に多大なる影響を与えたのである。

ここで、デンマークの社会福祉国家への途を考察する。

第一の要因は、民主主義（自由・平等・連帯）の確立にある。

デンマークは、他の北欧諸国同様、農作物の作付けが困難な資源の乏しい国土のため、生活物資を得るために、バイキングとして、ヨーロッパにおいてその名を轟かせたのである。この期間は八世紀末から一一世紀であるが、その航海は厳しいものであった。船底一枚下は、北海（North Sea）、バルト海（Baltic Sea）で当時の小さな木造船では、無事、目的地である地中海沿岸に至るのは困難を極めた。船団を組み大海に繰り出したのは、生活物資を求めた「生きるため」の大航海であった。すなわちその主たる目的は、交易（商業活動）であった。その航海においては、共同体としての、一致団結した行動が求められたのであり、船団における共同生活の遂行のため連帯が必然的に求められたのである。

こうして、彼らは勢力拡大に努め、ある意味では「略奪行為」を働きながら航海し、時には新天地を求め航海を行ったのである。少々長いが北欧人のアイデンティティについてK・ハストロプ（Hastrup, K.）の説を引用することにする。

「北欧人は自己を侵すべからざる個人と見なし、この考えに基づいて北欧の法治社会は成立した。それゆえ個人の自由と不可侵は思想のみにとどまらず、今日の北欧の福祉社会に見られるように、社会においても実践に移された。今や封建社会や貧困は、はるか昔のこととなったにもかかわらず、北欧人は『内側と外側の境界線は移動しうる』という昔からの認識を堅持し続けてきた。まともな人間―定住して自活する人たちのこと―は「他者」を組織から締め出し、未開人と見なすことがある一方で、自分自身は文化人、それゆえに弱き者や不自由な者に対して原則として優しく振舞う。ここにあげた各個人の自由と集団の義務の二重性は、北欧の福祉国家における根本的テーマである。」[1]（下線は筆者が挿入）

第二の要因は、社会保障・社会福祉政策の推進である。ドイツにおいて、「アメとムチ」

として、「疾病保険法」（一八八三年）、「労働者災害保険」（一八八三年）、「障害老齢保険」（一八八九年）等が宰相ビスマルク（Bismarck-Schönhausen, O. E. L. Fürst v.：1815–1898）の手によって、労働政策の一環として制定された。しかし、同法律の対象はあくまでも労働者であり、農民・生活困窮者・高齢者をはじめとする国民一般は対象ではなかった。

そこで、デンマークではドイツ社会保険各制度とは異なる新たなる制度の制定が必要となった。それが、「貧民救済法」（一八九一年）、「老人支援法」（一八九一年）等の制定で、その財源は租税であった。また、財源を保険料とした「医療保険」（一八九二年：のちに租税を財源とする健康保障制度に代わる）、「失業保険」（一九〇七年）、財源を税とした「障害者手当に関する法律」（一九二一年）、「改正老人法」（一九二二年）等が制定され、同国の社会保障制度の礎が構築されたのである。

このようにデンマークにおいて主として、税を財源とする社会保障制度が整備されるのであるが、一九三三年に政権の座に就いた社会民主党は、社会改革を断行した。具体的には五〇以上あった福祉関係の法律が、①「国民健康保険法」（Lov om folkeforsikring）：病人、障害者、老人等を対象とする保険で、二一歳以上の者の加入が義務付けられた。②「失業及び職業紹介に関する法律」（Lov om arbejdløshed og arbejdsanvisning）：労働組合が管理・運営する失業金庫に対する国庫補助を制度化したもの。③「事故保険法」（Lov om ulykkesikring）：疾病保険でカバーできない不慮の事故などの際の所得保障について定めたもの。④「公的保護に関する法律」（Lov om offentligiforsorg）：児童保護・貧困者の扶養等に関連する四一の法律を統合し、公的保護制度を体系化したもの。このように五〇以上あった関連する法律が四つの法律に統合されたのである[2]。

そして、第二次世界大戦後同国は「福祉国家」として開花し、次々と社会保障制度に関する法律を制定したのである。

なかでも、六九歳以上のすべての高齢者に対する「老人手当」に代わって、所得制限なしの「国民年金法」(一九五七年)が制定されたが、同法律によって国民の老後生活が精神的・経済的に安定することになった。

第三の要因は、地方分権の確立である。

地方自治制度の改革は、一九七〇年に実施されたが、その内容は、一、六四〇あった「市町村」を二七五の「コムーネ」(kommuner:市)に統合した。また、二七あった「アムト」(amter:県)を一四に統合した[3]。この改革は、多くの社会福祉に関するサービスが、国からアムト並びにコムーネに移管することを意味する。

そして、社会福祉に関する総合的法律である「生活支援法」(Lov om social bistand:別称「社会支援法」)が一九七四年に制定された。同法律の制定により、これまで社会福祉サービスの対象を分類していたのを、すべての国民を対象としたものとなった。

高度経済成長期以降の社会状況の変化に対応するため、「生活支援法」を「社会サービス法」(Lov om social service:1997年)に改定した。同法の主たる特徴は、①個々人の責任、②予防を政策に取り入れたこと、③コムーネとアムト並びに非営利組織の協力を謳って

図表２－１　デンマークの計画体系（2007年）

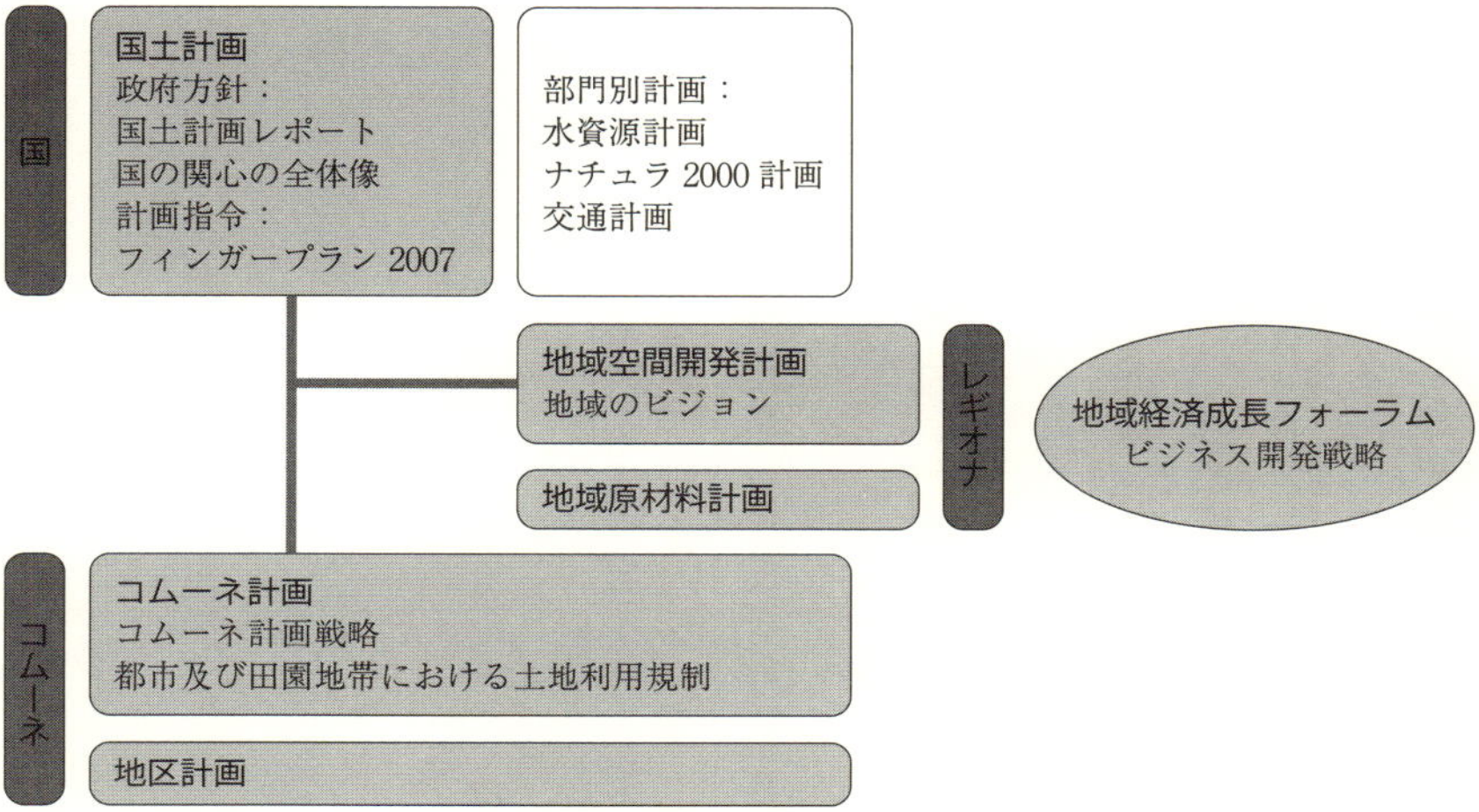

出所）国土交通省国土政策局「アジア各国の国土政策に係る具体的施策分析等に関する調査」国別調査報告書［デンマーク］2012年，p.16，一部修正

いることである。こうして、地方分権化のもとでコムーネ主体の地域福祉政策が推進されることとなった。なお、二〇〇七年一月から地方自治体改革が行われ一四のアムトがすべて廃止され、広域な行政体である五つのレギオナ（regioner：広域行政機構）に再編成された。すでに多くの業務が国やコムーネに移管されたため、レギオナが担う所管業務は主として医療保健分野となった。同時にコムーネが九八に統合された。こうした行政改革により、国、レギオナ、コムーネの役割がより明確になった。なお、図表２－１はデンマークの計画体系をあらわしたものである。

第四の要因は、女性の社会進出である。

高度経済成長以降の経済発展は労働力の需要を上昇させ、雇用の機会を拡大することとなった。女性の社会進出をもたらした背景には、労働力不足の解消と税の高負担を女性の就労によって少しでもカバーするという思惑がある。女性の就労効果は単に労働力の充足のみならず、国・コムーネの税収増につながり、結果として福祉サー

図表２－２　性別・職業別就業者数

デンマーク　（千人）

ISCO 88	2000年			2005年			2010年		
	計	男性	女性	計	男性	女性	計	男性	女性
計	2,716	1,451	1,266	2,752	1,470	1,283	2,718	1,425	1,293
1	198	150	48	201	152	49	127	99	28
2	352	207	145	429	244	185	468	262	206
3	548	251	297	578	231	347	645	281	364
4	307	90	217	271	73	198	260	73	187
5	406	83	323	414	103	311	477	133	344
6	70	59	11	67	54	13	58	48	9
7	299	284	15	298	283	15	249	238	12
8	179	133	47	179	142	37	141	118	23
9	337	178	159	302	172	129	284	164	119
0	14	13	—	14	14	—	11	10	—
x	6	—	—	—	—	—	—	—	—

出所）労働政策研究・研修機構『データブック　国際労働比較』2012年，p.106
注）１　立法議員，上級行政官，管理的職業従事者
　　２　専門的職業従事者
　　３　技術者及び準専門的職業従事者
　　４　事務的職業従事者
　　５　サービス職業従事者
　　６　熟練の農林漁業従事者
　　７　熟練職業及び関連職業従事者
　　８　装置・機械操作員及び組立工
　　９　初級の職業
　　０　軍隊
　　x　その他

ビス、なかでも子育て支援の制度の整備並びにサービスの拡大・充足につながった。

デンマークで女性の就業者数が顕著になったのは、高度経済成長期以降である。

経済発展は労働力の需要を上昇させ、雇用の拡大を促進させた。図表２－２は、性別・職業別就業者数であるが、全労働者二、七一八、〇〇〇人（二〇一〇年）のうち一、二九三、〇〇〇人で全労働者において女性の占める割合は、四七・五％となっている。そのうちもっとも多いのが３の技術者及び準専門的職業従事者となっており、その数は、三六四、〇〇〇人で、性別・職業別就業者のなかでもっとも多数を占めている。

また、同国の男女労働者の賃金格差（製造業）は世界でももっとも少なくなっている（図表２－３参照）。

また、図表２－３から、デンマーク以外の日本、ベルギー、スウェーデン、フィンランド、ノル

図表２－３　年齢階級別賃金格差（製造業）

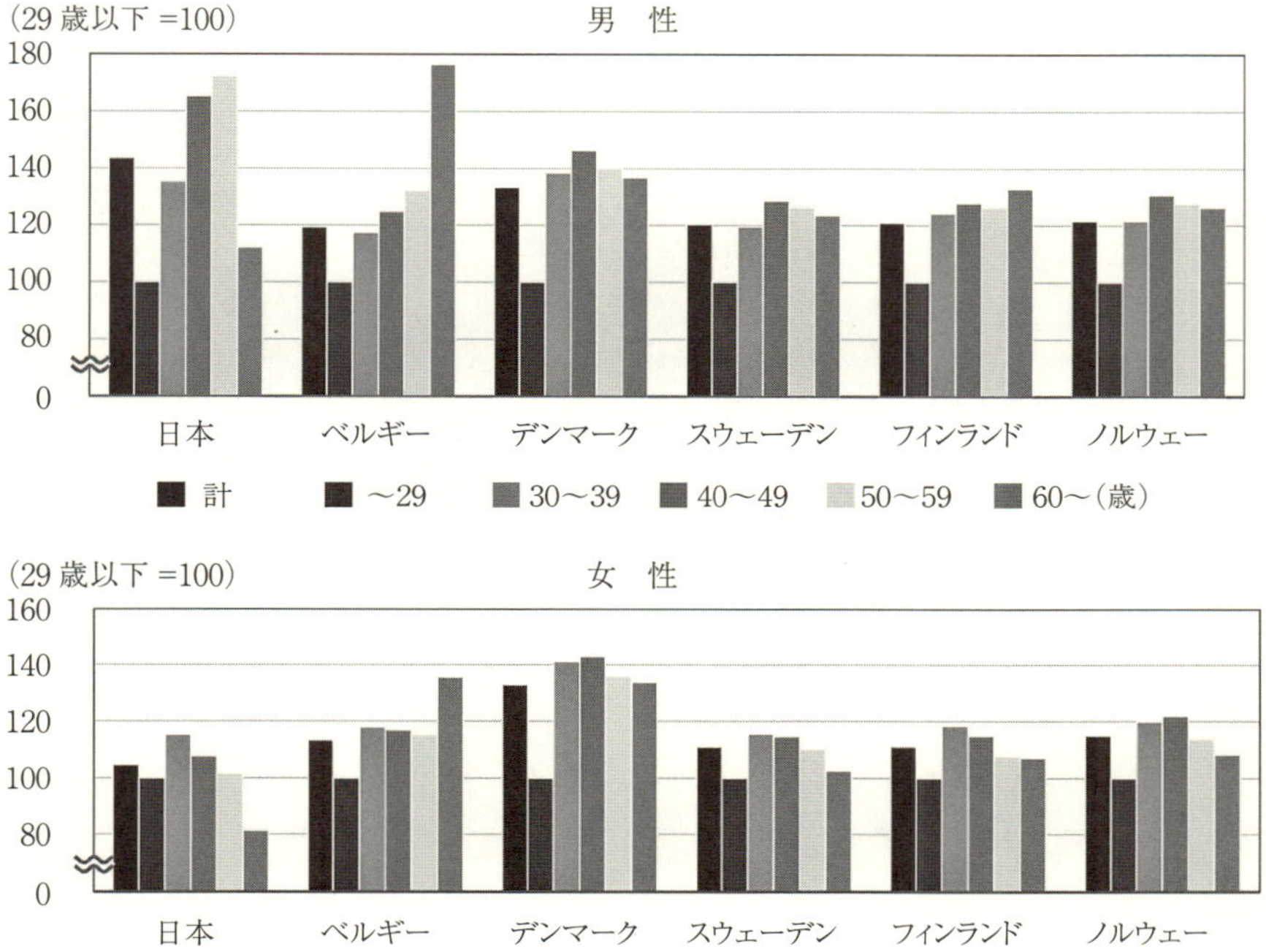

出所）労働政策研究・研修機構『データブック　国際労働比較』2012年，p.163

ウェー各国における男女の賃金格差をみると、同じ北欧のスウェーデンは比較的男女の賃金格差が微小であるが、日本、ベルギーは男女の賃金差が顕著であることがわかる。それに比較してデンマークは各年齢とも男女の賃金格差が僅差となっている。これは、同国が男女間格差・差別が少ない国であることを証明している。このように女性の就業者数が多く、また就業率も高く税収入が増加することが、結果的に生活環境、社会福祉サービスの向上と労働の継続性と生活環境の向上につながっているのである。

　第五の要因は教育政策である。

　デンマークの国民学校の教育の目的は、自由・平等・連帯の理念に基づく民主主義を体得する教育を行うことである。そのため、自立・自己決定の育成が大切となる。

写真２－１　キャプタンインゴー幼稚園の室内砂場で遊ぶ子どもたち

幼稚園では子どもと同じ目線にたち，子どもの意志を尊重している。

現在、デンマークでは義務教育は入学前の幼児教育として六歳からの「就学前教育」が追加されて、一〇年となっている。なお、大学までの授業料は医療費同様無料である。義務教育を修了後の生徒たちの進路を大別すると大学進学を目指す「一般的な上級中等学校」（日本の高等学校に該当し、就学期間は三年）と「職業別の専門学校」に分かれる。大学進学を目指す「ギムナジウム」は約一五〇校あるが、そのうち私立が約二〇校ある。これらの私立学校に対して国が予算の八〇～八五％供出している。また、「ＨＦコース：高等教育資格試験コース」（二年）は、一度就職等で一般的な上級中等学校を離れたが再度大学を目指す者たちのコースで一九八〇年代に新たに設置されたものである。

フュン島の中心都市オーデンセ（Odense Kommune）の南部ファボー・ミッドフュン（Faaborg-Midtfyn Kommune）にある民間のキャプタンインゴー幼稚園（Kaptajngården Børnehave：「農場のある幼稚園」）を訪問したが、一日のスケジュールは園児の主体性に任せて自立・自己決定を目標に運営されている。

そのため日本の保育士にあたるペタゴー（pædagog）は、園児の行動を見守ることに専

写真２－２　キャプタンインゴー幼稚園園舎内の工作室

子どもたちはペタゴーの指導のもと各工具を使って作品を制作する。

念している。広い園庭には家畜（豚・鶏・アヒル・羊等）が飼育され、園児たちは動物たちの生命の尊厳と人間との関係を学んでいる。

また、工作室で職員の指導をうけながら、道具操作の習得と危険性について学習する。ここでは、教諭は園児の自主的活動の「サポート」役に徹して、口出しはせず見守っているだけである。このように幼児期から自立・自己決定を学ぶことが、青年期・高齢期の生活の実践に生かされてるのであり、ここに「自立した人間」が育つ環境がある。

以上、五項目がデンマークを社会福祉国家へと導いてきたのであり、スカンジナビア福祉モデルの中核となっている。

北欧型経済システムの最大の特徴は、各国とも高い社会保障水準や福祉水準を維持するために、税負担や社会保険料負担を合わせた国民負担率（税＋社会保険料負担）がきわめて高水準にある。なかでもデンマークの国民負担率は六九・五％、そのうち租税負担率は六六・七％と北欧諸国のなかでもっとも高い水準にある。ちなみに日本の国民負担率は三八・三％、租税負担率は二二・〇％となっている。(4)

このようにデンマークは高福祉・高負担の典型的な国である。しかし、日本のように中央集権のシステムを取り、住民にとって租税の使途が不明瞭な国と異なって地方分権が確立しているデンマークにおいて、住民とコ

図表２－４　デンマークのGDP統計

（単位：％）

	2009年	2010年	2011年	2012年
実質GDP成長率	△ 5.8	1.3	1.0	△ 0.6
個人消費	△ 4.2	4.9	△ 0.5	
政府消費支出	2.5	0.3	△ 1.0	
総固定資本形成	△ 13.4	△ 3.7	0.4	
輸出（財・サービス）	△ 9.8	3.2	6.8	
輸入（財・サービス）	△ 11.6	3.5	5.2	

出所）https://www.jetro.go.jp/ext_images/world/gtir/2012-dk.pdf,「デンマーク」p.1

ムーネ両者の関係が「受益と負担の関係」となっている。住民は高負担であっても、サービスの価格に問題があれば改善を求め、あるいはサービスの質に問題があれば税率の改正を求めることができる。いずれにしても同国はじめ北欧諸国は地方分権のシステムと所得再分配の公平性を自治の基本としているのである。

ところで、福祉と経済の関係は表裏一体の関係にあるため、高福祉を維持するためには常に経済の成長が求められる。

ここ数年来のデンマークのＧＤＰは図表２－４の通りやや低迷していることがわかる。二〇〇九年のＧＤＰは△五・八％、二〇一〇年はプラスに転じ一・三％の伸び、二〇一一年は伸びがやや鈍化したが、一・〇％の成長率となっている。しかし、二〇一二年には再び△〇・六％（ＩＭＦ統計）とマイナス成長に転落した。こうした経済状況のもとで、失業率も二〇〇八年以降三・五％から、その後二〇一二年には欧州経済危機の影響もあり七・六％（ＩＭＦ統計）まで上昇した。

このようにデンマークのＧＤＰは、国内需要が欧州経済の低迷のため停滞（個人消費）が著しい。ただ、経済の好調なドイツへの輸出（機械類・食料品・化学品・鉱物性燃料等）は順調に推移している。また、将来の人口高齢化に備えて、当時の政権担当の社会民主党（現在は自由党単独政権）は財政健全化を目指した。そのため、二〇〇一年以来の中道右派政権が推進してきた雇用の拡大・就労の促進・健全財政の基本的経済政策を継承してきた。具体的には、失業保険給付期間の短縮継続（以前は無期限だったが、二〇〇七年以降、最長二年間に設定）による失業者の就労推進、早期退職者制度の段階的な廃止、退職年齢と年金支給開始年齢の段階的な引き上げ等、財政緊縮を続けている。(5) このように経済的影響が、徐々に社会保障費の抑制・削減の問題となってきているのである。

注

（1）K・ハストロプ編／菅原邦城他訳『北欧のアイデンティティ』東海大学出版会、一九九六年、一九九ページ

（2）仲村優一・一番ケ瀬康子編集代表『世界の社会福祉―デンマーク・ノルウェー』旬報社、一九九九年、一五四－一五五ページ

（3）同前（2）一五七ページ

（4）翁百合・西沢和彦・山田久・湯元健治『北欧モデル―何が政策イノベーションを生み出すのか』日本経済新聞出版社、二〇一二年、一一八－一一九ページ

（5）https://www.jetro.go.jp/ext_images/world/gtir/2012-dk.pdf（「デンマーク」）一－六ページ（二〇一六年四月一五日閲覧）

参考文献

ヨルマ・シピラ編著／日野秀逸訳『社会ケアサービス』本の泉社、二〇〇三年
浅野仁・牧野正憲・平林孝裕『デンマークの歴史・文化・社会』創元社、二〇〇六年

野村武夫『「生活大国」デンマークの福祉政策』ミネルヴァ書房、二〇一〇年
橋本淳編『デンマークの歴史』創元社、一九九九年
ケンジ・ステファン・スズキ『デンマークが超福祉大国になったこれだけの理由』合同出版、二〇一〇年
銭本隆行『デンマーク流「幸せの国」のつくりかた』明石書店、二〇一二年
成清美治「デンマークの社会福祉事情」『総合社会福祉研究』第一一号、一九九七（平成一九）年三月
高齢者住宅財団編「デンマーク高齢者住宅視察　報告書（二〇一三年度）」高齢者住宅財団、二〇一六年

※写真二点は、筆者がキャプタンインゴー幼稚園の許可の下で撮影（二〇一三年一一月二一日）

※第2章は、拙論「デンマークの高齢者福祉の現状と課題」『神戸親和女子大学大学院研究紀要』第一〇巻、二〇一四年、一一一四ページを加筆・訂正したものである。

図表３－１　デンマークにおける高齢者施設・住宅の変遷

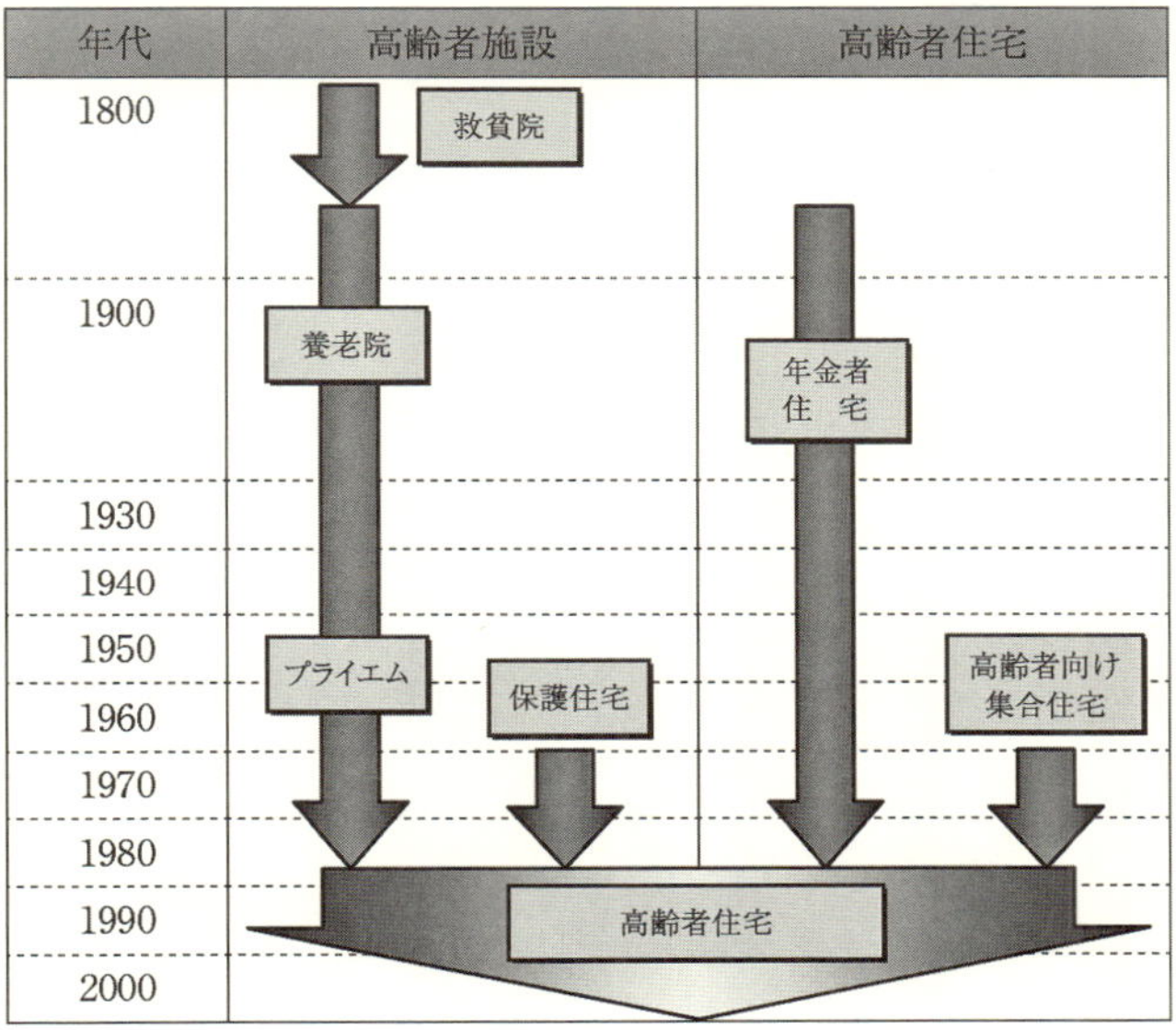

資料）松岡洋子『デンマークの高齢者福祉と地域居住』新評論，2005年，pp.22-23
出所）医療経済研究機構「諸外国における介護施設の機能分化等に関する調査報告書」2007年，p.20

1　プライエム（介護付き高齢者施設）からプライエボーリ（介護型住宅）・エルダーボーリ（高齢者住宅）へ

デンマークにおける高齢者福祉政策は、一八〇〇年代は、貧しく、身寄りのない高齢者を救貧院（Fattighus）にて「収容」していたが、一八六七年に救貧院は廃止された。その後、同国の高齢者福祉の嚆矢といわれている「高齢者扶助法」（Lov om alderdomsunderstøttelse：1891）が制定された。この法律による高齢者扶助の受給要件は、①経済的に困窮していること、②六〇歳以上であること、③過去一〇か月以内に貧困扶助をうけていないこと、等となっている。[1] そして、同国で初めて一九〇一年に養老院（Aldomshjem）が建設されたのである。一九五二年の養老院のガイドラインは、①一施設の入所人数は二〇人が望ましい、②部屋は個室で面積は一一㎡、（一二㎡が望ましい）、③洗面台を各部屋に設置する、④トイレは同性の老人一〇人にひとつ、バスタブは二〇人にひとつを設置する、というものであった(2)。

養老院ガイドラインにおいて、すべて個室を原則としたことからも、すでにこの時代から個人の尊厳を重視する思想がデンマークの高齢者福祉政策において定着していたことがわかる。

養老院にガイドラインが規定されたといえ、大規模で居住環境の劣悪な養老院は個人の生活の生活環境を維持することが困難であった。

第二次世界大戦後の一九五六年には国民年金（老齢年金）制度が創設された。これによって六五歳以上の高齢者すべてに年金が給付されることになった（財源は租税）。そして、「障害年金・国民年金受給者ケア法」（Lov om omsorg for invalideog folkepensionister）（一九六四年）が制定された。その結果、同年金受給者のためのナーシングホームあるいはホームヘルプサービス法が制定されることとなった(3)。

上記のような法律の制定に伴って、次第に高齢者収容施設である養老院からプライエム（Plejehjem：介護付き高齢者施設）へ移行していくのである。

そして、社会福祉政策の権限をコムーネに移譲する「生活支援法」（一九七四年）が成立した。また、社会福祉省に設置された高齢者政策委員会が一九八二年に、著名な「高齢者三原則」を提示した。それは、①生活の継続性の尊重、②高齢者の自己決定の尊重、③高齢者の残存能力の活用等となっている。これら原則は、これまでの施設収容を基本とした高齢者福祉のあり方の反省のうえに立ったものとなっている。

また、今日のデンマークの高齢者福祉を「施設」から「居住（住宅）」へ導いた「高齢者住宅法」（一九八七年）が制定された。その結果、高コストな施設として存在したプライエムの建設が一九八八年以降禁止となり、終焉を迎えることとなった。プライエムに代わって登場したのが高齢者住宅である（図表3－1参照）。高齢者住宅は、「改正高齢住宅法」（一九九六年）により導入された介護付き高齢者住宅であるプライエボーリ（Plejeboliger）と原則、自立した高齢者が入居する高齢者住宅であるエルダーボーリ（ælderboliger）に分類される。そのうち、プライエボーリの設置基準は、①職員の介護サービスの機能が付いていること、②一戸あたりの居住面積は、六七㎡以下（共用部分を含む）であること、③入居条件として、何らかの援助が必要な高齢者であること、④各戸にシャワー・トイレ・台所・上下水道が設置されていること、⑤車イス使用者を含む高齢者や障害者に対応した構造であること、⑥二四時間以内に援助をよべること、⑦歩行障害がある者でも住宅へのアクセスが可能であること等となっている（図表3－2参照）。こうした、高齢者住宅には「自立」の精神を前提とした高齢者が安心・安全の住環境のなかで快適な日々を送っている。

なお、高齢者の公的な住まいの整備状況は図表3－3の通りである。

また、在宅サービスはコムーネの高齢者福祉センターが提供しており、ホームヘルプサー

図表３－２　高齢者住宅の平面図（60㎡）

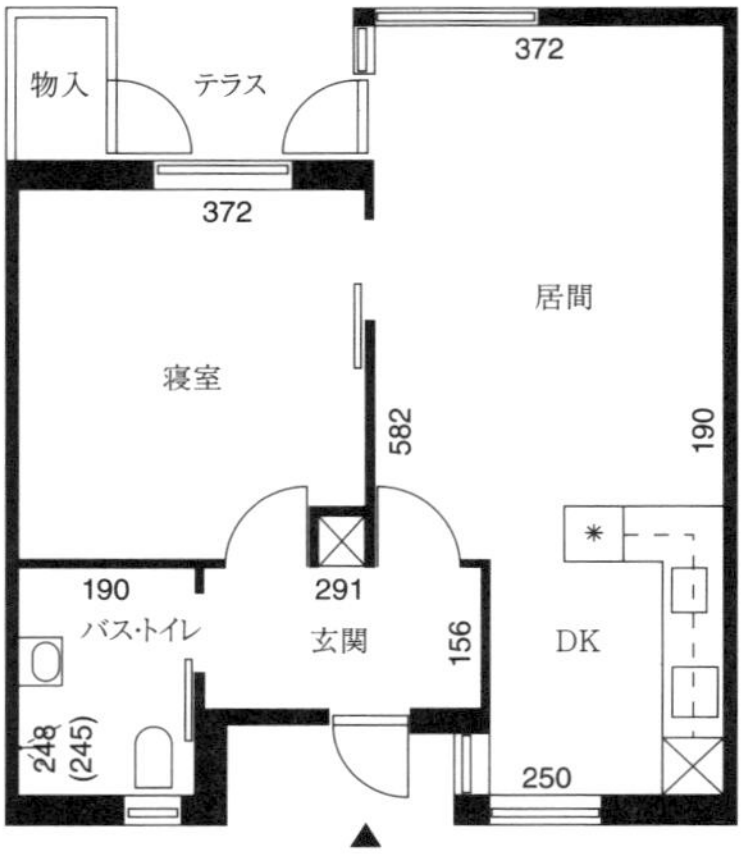

出所）松岡洋子「デンマークの高齢者住宅とケア政策」『海外社会保障研究』Autumn, 2008, No.164, p.59

図表３－３　デンマークにおける高齢者の公的住まい整備状況

（戸）

<table>
<tr><th></th><th colspan="2"></th><th>2001</th><th>2002</th><th>2003</th><th>2004</th><th>2005</th><th>2006</th></tr>
<tr><td rowspan="3">24 時間介護の付いた住宅</td><td colspan="2">プライエム
Plejehjem</td><td>27,635</td><td>25,802</td><td>23,740</td><td>21,121</td><td>17,819</td><td>15,424</td></tr>
<tr><td colspan="2">保護住宅
Beskyttede bolig</td><td>3,973</td><td>4,105</td><td>3,566</td><td>3,309</td><td>3,016</td><td>2,870</td></tr>
<tr><td rowspan="2">高齢者住宅
（1987 年以降）
Almene Ældrebolig</td><td>プライエボーリ
Plejebolig</td><td rowspan="2">37,899</td><td>17,760*</td><td rowspan="2">42,774</td><td>20,940*</td><td rowspan="2">52,640</td><td>32,016</td></tr>
<tr><td rowspan="2">高齢者住宅</td><td>高齢者住宅
Ældrebolig</td><td>22,060*</td><td>26,650*</td><td>26,276</td></tr>
<tr><td colspan="2">そのほかの住宅**
Andre boliger for ældre</td><td>20,186</td><td>19,875</td><td>18,338</td><td>17,157</td><td>15,866</td><td>14,846</td></tr>
<tr><td colspan="3">24 時間介護の付いた住宅の小計
（65 歳以上高齢者に占める割合）</td><td>—</td><td>47,667
（5.9%）</td><td>—</td><td>45,370
（5.7%）</td><td>—</td><td>50,310
（6.1%）</td></tr>
<tr><td colspan="3">高齢者住宅の小計
（65 歳以上高齢者に占める割合）</td><td>—</td><td>41,935
（5.2%）</td><td>—</td><td>43,807
（5.5%）</td><td>—</td><td>41,122
（5.0%）</td></tr>
</table>

* デンマーク統計局資料ではプライエボーリと高齢者住宅に分割していたのは 2006 年のみである。よって，2002 年と 2004 年については（松岡：2005，296）を参照し按分して求めた。

** 「そのほかの住宅」とは，年金受給者住宅，高齢者向け集合住宅など，1987 年以前に建てられていた高齢者住宅である。

出所）松岡洋子「デンマークの高齢者住宅とケア政策」『海外社会保障研究』Autumn, 2008, No.164, p.58

ビスや訪問看護サービス等となっている。
高齢者住宅では「自立」の精神を前提とした高齢者が安心・安全の住環境のなかで快適な日々を送っている。

2 コリング市の高齢者福祉政策

デンマークのユトランド半島の南東部に位置するコリング（Kolding）市は人口約九〇、〇〇〇人（二〇一二年現在）のフィヨルドの入口にある風光明媚な観光都市であり、港湾都市である。

筆者はレクチャー担当の、コリング市高齢者福祉部（Kolding Kommune senior forvaltning）部長のロール・ラスミンセンス女史から二〇一三年一一月二〇日の午後レクチャーを受けた。講演時間は二時間以上に亘った。そのレクチャーの内容は以下の通りである。

（1）高齢化率：約二〇％（六五歳以上の高齢者約一八、〇〇〇人）

（2）コリング市の高齢者福祉事業の概要

①訪問看護事業（投薬・手当等）
②訪問介護事業（在宅サービス、時間制限なし）
③高齢者センター事業（二四時間介護の支援、独居老人に対するセンターでのサービス）
④予防・健康促進・リハビリ・トレーニング事業
⑤補助器具提供サービス等、である。

（3） 高齢者福祉事業の内容
①スタッフ数（看護師・社会保健ヘルパー、事務職員等）：一、二〇〇人
②訪問看護対象者：一、八五〇人
③訪問介護対象者：二、三〇〇人（うち生活支援だけをうけている人が一、〇〇〇人）
④コリング市の高齢者センターの利用者定員は五五〇名である（ただし、財源の削減策としてかつて一五か所あった高齢者センターを二か所減らし、二〇一三年六月現在、一三か所である）。また、センターでは三〇人のリハビリを行う部屋がある。
⑤センター利用者の五五〇人のうち一五％から二〇％が高齢者以外である（障害者、虚弱者等で介護が必要な人）
⑥三か月ごとに利用者の七〇〇人程度が入れ替わっている。
（4） 高齢者センターの年間予算五億八、〇〇〇万クローナ（日本円に換算すると約一一六億円）なお、予算の総枠については、コミューン（議会）との交渉による。
高齢者福祉の予算は、コムーネの予算の約二〇％である。ただし、コリング市の予算としては教育・保育予算がもっとも大きな比率を占めている。
（5） ホームヘルプサービス
①デンマークでは、コムーネが提供するホームヘルプサービスと民間業者が提供するホームヘルプサービスがあり、どちらを選択するかは利用者が決定する。
②コリング市では二〇一三年度は、一九の民間事業者が認可されている。ただし、二

写真３－１　高齢化と市職員の減少

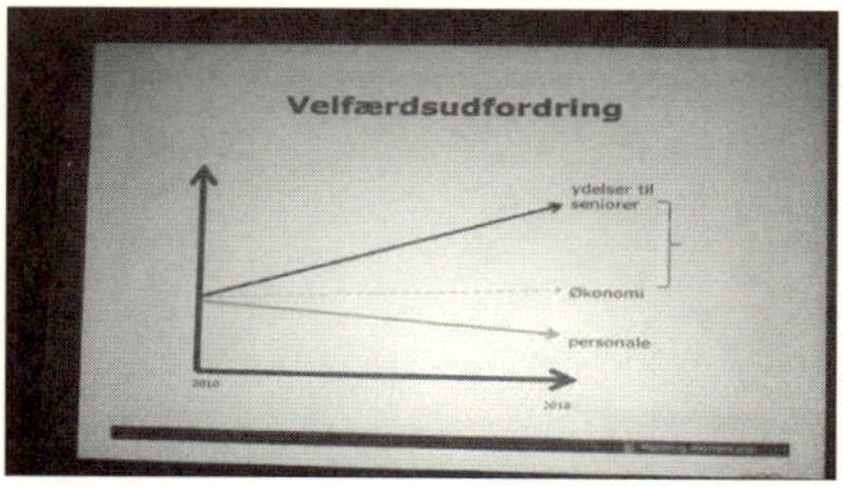

注）Ydelser til seniorer：サービスの必要な高齢者、Økonomi：財政、personale：職員

今後，人口高齢化に伴ってサービスの必要な高齢者が増加するので市の財政健全化をはかるため市職員の削減が考えられている。

○一四年度からは一三の業者に契約を絞る。その理由は民間事業者のサービスの「質」を一定化するためである。故に残った業者はある程度規模が大きく、より安くサービスを提供し、一定の質の確保を担保している業者である。

③二〇一三年度のホームヘルプサービスはすべて同料金であった。しかし、二〇一四年度は、コムーネと民間事業者の料金は異なる（競争原理の導入）。

④市民の四〇％は民間事業者を選択、利用している。なお、民間事業者を選択しているのは軽度の要介護者で、重度の要介護者の多くは、コムーネを選択している。

（6）将来の推定人口動向と福祉財政

将来、サービスの必要な高齢者が増加し、財政を維持するために市職員数を減少させる（写真「高齢化と市職員の減少」参照）。

（7）高齢者の新しいビジョン

①与えられるサービスから必要なサービスへ

②自立した高齢者（働ける高齢者）へ

③「スタンダードサービス（支払）」（Standard ydelser）から「個々に応じたサービス（支払）」（Individuelle ydelser）へ

④これまで、「高齢者はサービスの権利をもった顧客」（Kunde med ret til service）、すなわち、「与える福祉」である。

⑤これからは、「個性的（元気）な市民」（Medborge med pligt till at

写真３－２　高齢者の新しいイメージ

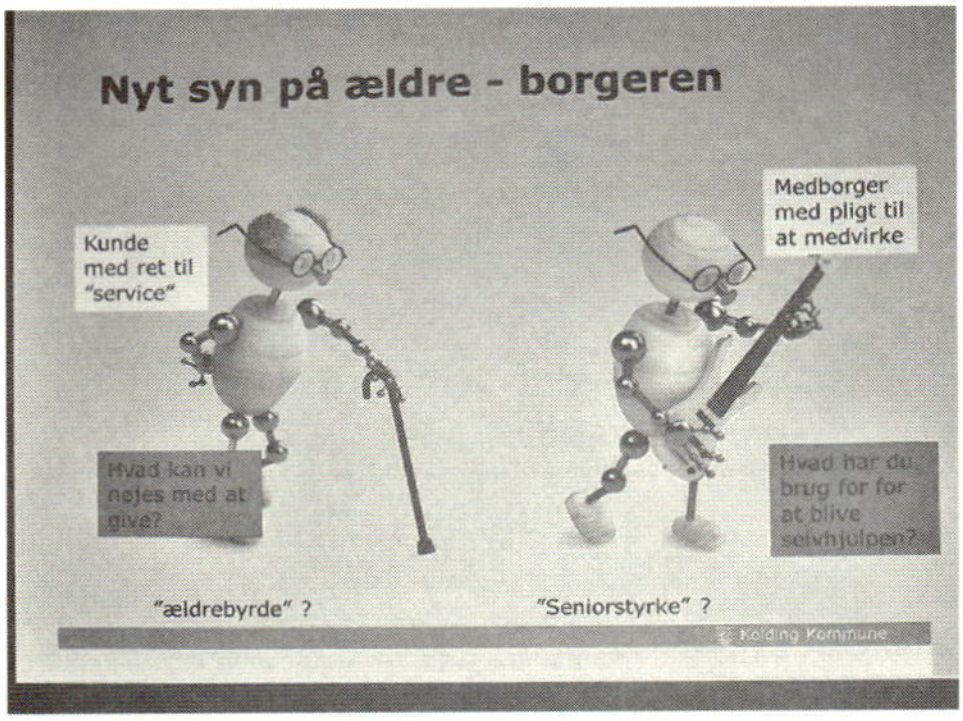

新しい高齢者イメージでは，従来の依存する病弱な高齢者ではなく，健康で働ける高齢者をイメージしている。

edvirke）でなければならない。

⑥市民と職員の意識改革が必要である（写真「高齢者の新しいイメージ」参照）。

（8）　今後のコリング市の高齢者政策八つのテーマ（二〇一一〜二〇一八年）

①リハビリ（トレーニング）

②福祉機器の導入

③元気な高齢者のボランティア養成

④高齢の内科的患者（慢性的疾患）に対して早期に対応し、在宅へ移行する。

⑤六五歳以上の市民の健康維持

⑥認知症高齢者対策

⑦未来の住居の在り方として、今後は高齢者住宅の建設を抑制し、これまで住み続けてきた住居を基本とする（今後は、より多くの高齢者に対してより少ない高齢者住宅の建設）。

⑧デジタル化の推進（情報教育の推進）（写真「コリング市の高齢者政策8つのテーマ」参照）

（9）　新しい高齢者福祉センターの建設

新しい高齢者住宅におけるテクノロジーの活用をする（古いセンターを建て直したもの）。

このセンター内の高齢者住宅には、高齢者の安全・安心をキープするため、テクノロジー

写真3－3　コリング市の高齢者政策8つのテーマ

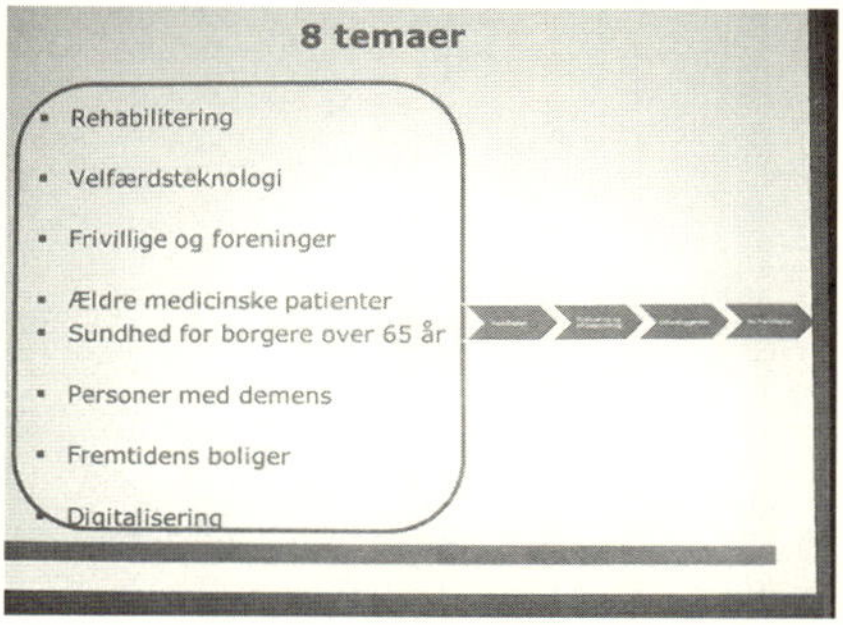

高齢者対策では元気な高齢者，疾病高齢者，認知症高齢者等の対策を中心としている。

写真3－4　センサーを設置した住宅図

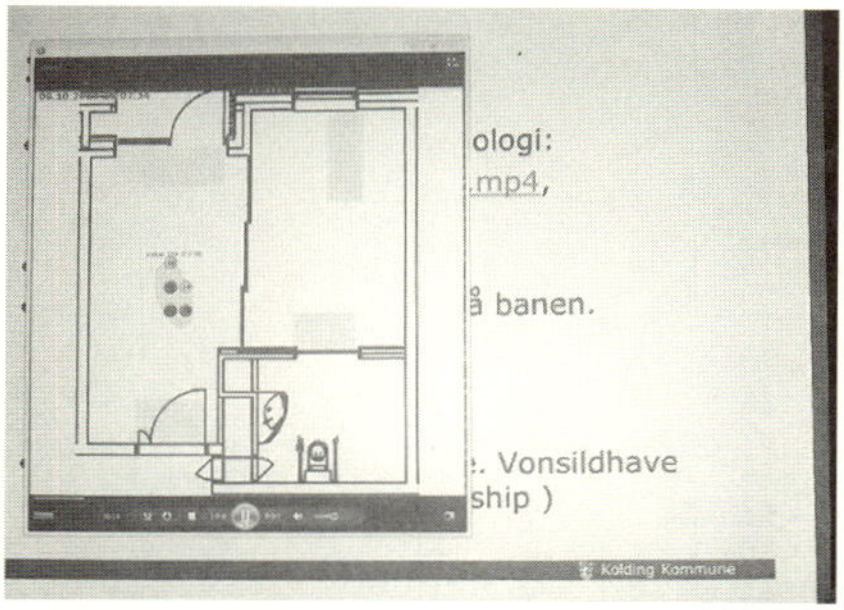

住宅の床にセンサーを埋め込む目的は，入居者の転倒防止，生活パターン等を把握するためである。このことが入居者の転倒等を事前に防止することになり，リハビリの軽減，治療費の削減につながる。

の応用が考えられている。「センサーを設置した住宅図」(写真)は、その一例であるが、この部屋で事前に部屋の床に埋めたセンサー(四か所)が、本人が転倒あるいはベッドから落ちるなどした場合、直ちに感知し職員室に知らせる。これによって、急遽職員が駆けつけ、高齢者の病気や怪我に瞬時に対応することができる。このことは夜間の高齢者の見守りの役割をする。ただし、センサーの設置は本人の了解の下で設置される。テクノロジーの利用は決して監視ではなく、究極的に適切なサービスにつながるのである。

また、最終的に転倒防止センサーは、サービス費用の抑制につながる。なお、センサーが転倒を記憶することによって、本人のトレーニング方法に応用することができる。また、テクノロジーの応用例として各部屋にタッチ・スクリーンを設け、そのスクリーンに映し出される映像を見て、高齢者自身が一日の行動スケジュール、料理の調理方法を知ることができる。なお、テレビ電話にも応用することができる。そして、認知症の人は必要な投薬や行動のスケジュール表のパネルを見ることで確認することができる。このような高齢者住宅におけるデジタル化を推進する目的は、利用する高齢者の生活の利便性・ＱＯＬの向上と職員の労働の軽減化を図ることにある。

以上、コリング市の高齢者福祉政策についてみてきたが、今後の課題として、コリング市人口の高齢化と生産年齢（若年人口）の減少のもとで、従来通りの税収を見込むことは困難である。すなわち、限られた予算内でのサービスの効率化（公共・民間）と自立した高齢者を育成することが現在の生活を持続・継続することにつながるのである。

写真３－５　高齢者福祉センターの入口

同センターはコリング市の中心部に位置しているため待機者が多い。なお建物は民間の住宅関連会社が所有し，運営はコリング市が行っている。

3　コリング市のタイルゴースパーケン（Teglgårdsparken）高齢者福祉センター

同センターの概要は以下の通りである。

（1）概要：コリング市に存在する高齢者福祉センター（介護付き高齢者住宅で三階建）は、設立して本年（二〇一三年）で一〇年を迎えており、敷地内には高齢者住宅も併設されている。

（2）理念：基本理念は「自己決定権の尊重」である。故に朝の起床時間は、入居者本人に任されており、何時におきても自由である。自己決定とは、自分の意思で自己の在り方を決定するので、そこには、自己責任が発生する。例えば、遅く起床したため、食事の機会を逸したとしても、その責任は自己に帰するのである。また、同センターの食事は、集団あるいは個別でとってもよいことになっており、個人の自主性に任せることになっている。

なお、朝食は各階の食堂でとり、昼食は一階のカフェテリアでとる。食事の準備は同センターの自前のキッチンで準備している。

（3）入居者：入居しているのは、高齢者、認知症高齢者、精神障害者等で年齢層は、五〇歳～九五歳と幅広い年齢構成となっている。なお、居住者の出身地は三〇名がコリング市内、残り一名がコリング市以外の出身である。

（4）アクティビティ：月曜日～金曜日まで毎日行っており、時にはプロの歌手の演奏会を開くこともある。また、毎月一回は職員と全員の入居者が参加する食事会も開催している。

（5）職員数：三一名（内訳は看護師一名、社会保健ヘルパー一二名、その他、社会保健ヘルパー以外のヘルパー、事務職員一八名となっている）

（6）入居の費用（家賃）：自己負担で約八、〇〇〇クローナ（日本円にして約一六万円：二〇一三年）であるが、全額自己負担できない場合、住宅手当（ミーンズテスト有）から補填される。

（7）外出：個人の自己決定を尊重するので、外出は自由となっている。ただし、外出の場合、職員が入居者の所在を確認することが必要であるため、入居者は職員に告知するのが原則である。

写真３－６　天井に設置してあるリフト

各部屋にはリフトが天井に設置され，職員の労働を軽減している。

４　ケアについて

（１）各住宅の仕様：各部屋には必要に応じて、リフトが設置されている。そのため、各部屋の天井の四隅には、リフト移動用の経路が装備されている。この経路は体重が一〇〇kg以上の肥満の人にも対応できるよう頑丈な仕様となっている（写真「天井に設置してあるリフト」参照）。

このリフトの設置により、職員の身体的負担が随分軽減されている。デンマークでは日本の進んだテクノロジーを積極的に高齢者住宅等に採用しており、今後もケアの効率化に伴って採用を拡大する予定である。この点は、日本は大いに学ぶべきである。また、同センター内の高齢入居者の安全を確保するため、各入居者が職員に緊急時（例えば、体調が悪化する、あるいは転倒した場合等）コールすることができるような構造となっている。具体的には、ケアが必要な入居者の腕にコールバンドを装着したり、各トイレに緊急時の押し釦を装備、あるいは各部屋に「呼び出し電話」を設置するなど、緊急事態発生に備え入居者の安全を確保している。また、各部屋には火災報知器も装備してある。部屋の装備で特徴的なのは、このような安全・安心装置以外に各部屋に間仕切り用の白い壁が装備されていることである。入居者のその日の気分により壁を移動させることによって、居室の雰囲気を変化させることができる。このことは、入居者のリフレッシュを促し、結果として精神的安定をもたらす効果がある。また、入居者にとって必要な福祉機器は、コリング市に申請して認可されれば無料で貸与される。その期間は必要があれば無期限である。
なお、同センターには高齢者だけでなく精神障害者も居住しているので、居住者ケアの対象を固定するのではなく、介護職員の精神的ストレスを軽減するため、介護職員三一名がすべての人のケアに関わっている。また、入居者とのトラブル等を解決するため、定期的にスーパーバイザーが同センターを訪問して、スーパービジョンを実施している。このようにして労働者の保護を行っているのである。最後に、認知症の人も他の人と同様、同センター内のキッチン付の住宅に居住しているが、自ら食事の準備はしないので、本来、キッチンは不必要である。しかし、デンマークの法律で、住宅はキッチン、シャワー、トイレ、居間を整備していることが基準となっているため、すべての住宅にキッチンが装備されている。

写真３－７　広い敷地内にある高齢者住宅

センター内の高齢者住宅の外観

5　ローゼンゴー（Lokalcener Rosengård）地域センター

この節では、ボーゲンセ近郊に存在するデンマークの高齢者向け住宅のひとつであるローゼンゴー地域センターの現状について、視察に基づいてその特徴について述べることにする。同センターは一九八〇年に創設されたが、二〇〇七年から二〇〇九年にかけて全面的に改築された。現在、同センターにはデイセンター、高齢者住宅・高齢者センターが併

写真３－８　リハビリをする高齢者

センター内のリハビリセンター。室内は明るく広々としている。

写真３－９　センター内の美容・理容室

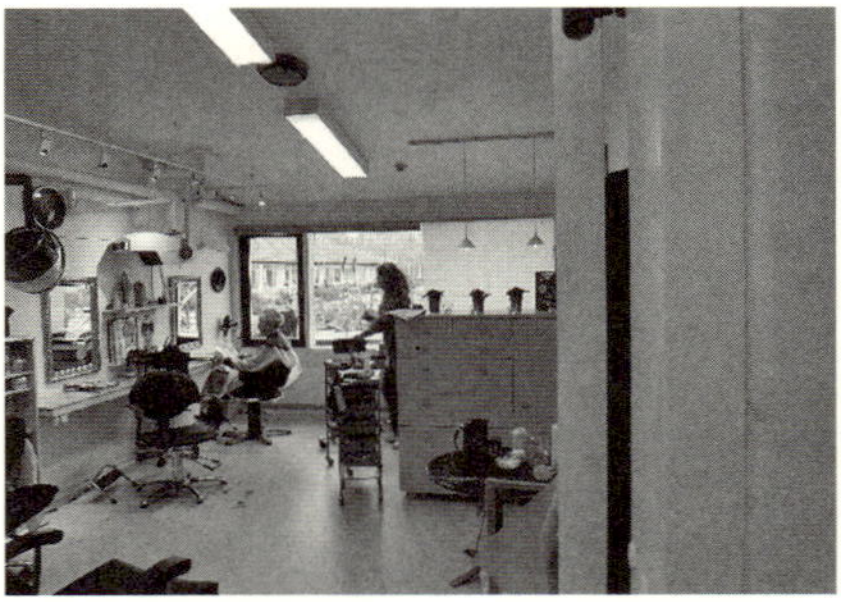

欧米福祉先進国の高齢者施設の多くには必ず美容室と図書室が設置されているが，同施設内の美容・理容室は明るく，衛生的である。

設されている。二〇一三年度以降ロボットを導入し、ケアの効率化を図っている。エルダーボーリの居住者は住宅二棟に五六名が生活している。基本的には高齢者住宅であるが、ケア付き住宅（定員二〇名）も併設されている。

① 各入居者条件であるが、単身あるいは夫婦の高齢者がこれまで居住していた住宅を処分し、コムーネに入居申請をする。これに対して、コムーネは既入居者の意見を取り入れ入居の是非を決定する。ただし、特別な問題を抱えていない限り入居は許可される。

② ケア（パーソナルケアは無料：着脱衣、洗髪、身体の洗浄等身体に関するケアをいう）についてであるが、ケアが必要な入居者（末期がん、高次機能障害等）に対しては、病状が悪化した場合、本人の同意を得てホームドクター（家庭医）を本人のもとに派遣する。また、高齢者住宅の住人のケアが必要となれば、デイサービスセンターの社会保健ヘルパーが行う。

現在は、すべての介護職員が社会保健ヘルパーの資格を保持してはいないが、今後、介護の担い手として社会保健ヘルパーが主体となる。

③ 入居費用は、家賃は自己負担で約八、〇〇〇クローナ（日本円で

写真３－10　高齢者住宅のキッチン

キッチンの器具は火災の防止あるいは使い勝手を考慮した電磁調理器が設置されている。また，キッチンの内装は，明るいクリーム系統の色で統一され，広々とした空間となっている。

写真３－11　高齢者住宅の瀟洒な居間

住宅内の居間は備え付けの家具が設置され，広々としている。

一六万円程度）であるが、老齢年金で十分賄うことができる。もし、費用が不足する場合、国から住宅手当が補填される。

④デイセンター（利用定員二〇名）は、毎週月～金曜日の間開設し、近隣住民の送迎をして利用の促進を図っている。このことが要介護高齢者の増加を抑制している。

なお、デイセンター内には、リハビリテーション室がある。また、センター内にはリハビリセンター、美容・理容室、図書室もある。これらの施設は欧米の高齢者施設には、必ずといっていいほど併設されている。これは、高齢者施設が入所施設ではなく、居住施設であるという理念から生まれてきたものである。

⑤高齢者住宅はキッチン、居間、シャワー付きトイレ等となっており、我が国の高齢者住宅と比較にならないほど住環境が素晴らしい。特にキッチンは火災防止のため全室電磁調理器が備わっている。

高齢者住宅の居室は六〇㎡以上あり、そのうち居間は約三〇㎡程度で、一人で生活するには十分すぎる広さである。内装は重厚な家具が装備されており、日本のマンション同様の内装である。また、各住宅の前には三畳程度の倉庫が設置されている。

⑥入居者（ケア付き住宅）の疾患に関するコンピューターに入力されたデーターは、ホームドクターあるいは病院に転送することができる（ただし、本人の承諾が必要である）。

⑦職員の勤務体制並びに建物検査

職員の勤務時間は、定時は八時から一五時である。基本的にデンマークの労働基準（日本における労働基準法に該当）に準じている。もし基準を順守していない場合は、労働組合から調査が入る。建物検査に関しては、市から採光や建築材の定期的査察が入ることになっている。

⑧同高齢者住宅の建設・運営は、民間事業者であるが、ボーゲンセ市の場合三〇か所の高齢者センターのうち民間事業者（日本の住宅供給公社＋社会福祉法人＝特定法人）が運営しているのは六か所である。なお、建設費は入居者の家賃で賄う。運営に関しては、特定法人の理事会が決定する。

今後の課題

高福祉高負担を基本原則とした「社会福祉国家」デンマークも、国家・国民生活において諸課題を抱えている。一番大きな問題は、国家財政悪化と失業者、特に若年失業者の問題である。これまで同国の福祉は堅調な経済活動のもとで、民主主義の理念を基盤に北欧福祉モデルの中核として、公的セクター中心の社会福祉政策を実施してきた。しかし、ここ数年来の欧州経済危機が国家財政に暗雲をもたらしている。また、国民生活において、アルコール中毒、家庭環境の破壊、移民問題、健康（肥満）問題等を抱えている。今後、深刻化している経済問題、若者の失業者問題等、国家としての難題を抱えている。このことが高齢社会を迎えて今後、解決を図らねばならない問題である。しかし、デンマークでは生活に根差した社会保障、社会福祉を国民が放棄することはあり得ない。今後、市民が教育・福祉・介護のニーズに対して公共セクター活用の欠如を望むことはないであろう。

最後に、三〇％を越える高齢化を前にして相変らず既得権益の維持と負担回避の論議が続く我が国の将来の行く末を案ずるのである。(4)

注

（1）仲村優一・一番ケ瀬康子編集代表『世界の福祉―デンマーク・ノルウェー』旬報社、一九九九年、三七ページ
（2）松岡洋子『デンマークの高齢者福祉と地域居住』新評論、二〇〇五年、二〇ページ
（3）同前（1）三九ページ
（4）高橋紘士「地域包括ケアと高齢者の住まい―その理念と役割―第四四回『デンマーク便り』」『高齢者住宅新聞』二〇一三年一二月四日

参考文献

ヨルマ・シピラ編著／日野秀逸訳『社会ケアサービス』本の泉社、二〇〇三年

浅野仁・牧野正憲・平林孝裕『デンマークの歴史・文化・社会』創元社、二〇〇六年
野村武夫『「生活大国」デンマークの福祉政策』ミネルヴァ書房、二〇一〇年
橋本淳編『デンマークの歴史』創元社、一九九九年
ケンジ・ステファン・スズキ『デンマークが超福祉大国になったこれだけの理由』合同出版、二〇一〇年
銭本隆行『デンマーク流「幸せの国」のつくりかた』明石書店、二〇一二年
成清美治「デンマークの社会福祉事情」『総合社会福祉研究』第一一号、一九九七（平成一九）年三月

※各パワーポイントは、筆者がコリング市高齢者福祉部長（講義担当者）の許可の下で筆者撮影（二〇一三年一一月二〇日）

※各写真は筆者が、高齢者福祉センター管理者の許可及びローゼンゴー地域センター（デイサービスと高齢者住宅）管理者の許可（二〇一三年一一月一九日）の下で撮影したものである。

※第3章は、拙論「デンマークの高齢者福祉の現状と課題」『神戸親和女子大学大学院研究紀要』第一〇巻、二〇一四年、一－一四ページを加筆・訂正したものである。

第4章

デンマークの教育制度の特徴

1　デンマークの教育制度

(1) 教育制度の概要

デンマーク憲法第七六条「学童期にあるすべての子どもは、国民学校において無料で教育をうける権利を有する。自ら子どもないし被保護者のため国民学校の標準に等しい教育をうけさせてやれる親ないし保護者は、その子どもないし被保護者を国民学校において教育させなくてもよい。[1]」とある。

このように、同法同条は国民の教育をうける権利を定めている。すなわちデンマークの国民学校の教育は基本的に無料で、しかも学校教育に代わるものがあれば国民学校に在学しなくてもよいと定めている。一九七二年に「国民学校法」が施行されてから、義務教育が開始された。国民学校（フォルケスコーレ：folkeskole）から大学まで教育費は原則無料となっており、すべての国民が教育を保障されている（ただし、一部の私立学校に関しては一部負担有）。同国の教育制度は、

①就学前教育：〇歳〜三歳の子どもは保育園または保育ママ（自宅で5人まで保育可）で保育をうけ、その後三歳〜六歳児は幼稚園にて教育をうける。ただし、日本と異なって保育園や幼稚園で行われている読み書き等の就学前教育の視点はなく、本人の自立・自己決

定を尊重した「遊んで学ぶ」が基本となっており、子どもたちは保育園や幼稚園で創造性を学ぶことになる。このことが、同国の基本理念である民主主義思想（自由・平等・博愛精神）の構築につながっていると考えられる。

②国民学校：保育園・幼稚園を経た子どもたちは義務教育である国民学校（小・中一貫教育）に入学する。この国民学校の入学年齢は原則八月一日以降、満七歳であることが条件である。ただ、学校に慣れるため六歳からの幼稚園学級（プレスクール）がある。国民学校の就学期間は一学年から九学年までであるが、希望により一〇学年を履修してもよいことになっている。国民学校の義務教育は個々によって異なるが、原則一学年～九学年の九年間（七歳～一五歳）となっている。

③高等学校（ギムナジウム：gymnasium）・職業学校：国民学校を卒業した者は次のステップとして高等学校か職業学校に進学する。その割合は高等学校進学率が国民学校卒業生の四五％、残りの五五％は職業別学校あるいは、高等工業教育資格試験コース（以後、ＨＴＸ）、高等商業教育資格試験コース（以後、ＨＨＸ）、高等教育資格試験コース（以後、ＨＦ）等の学校に進学する。高等学校に進学する条件として、国民学校九年生時の全国一律に実施される「卒業試験」（英語・国語・数学・科学の必修科目の他選択科目）の成績によって左右される。また、職業学校に進学する者は一年間の準備教育が設けられている（ただし、社会人は除く）。

④大学・上級専門学校：大学への入学は無試験であるが、大学の選択は高等学校時代の成績あるいはＨＦ（高等教育資格試験コース）、ＨＨＸ（高等商業教育資格試験コース）、ＨＴ

図表４－１　デンマークの教育制度

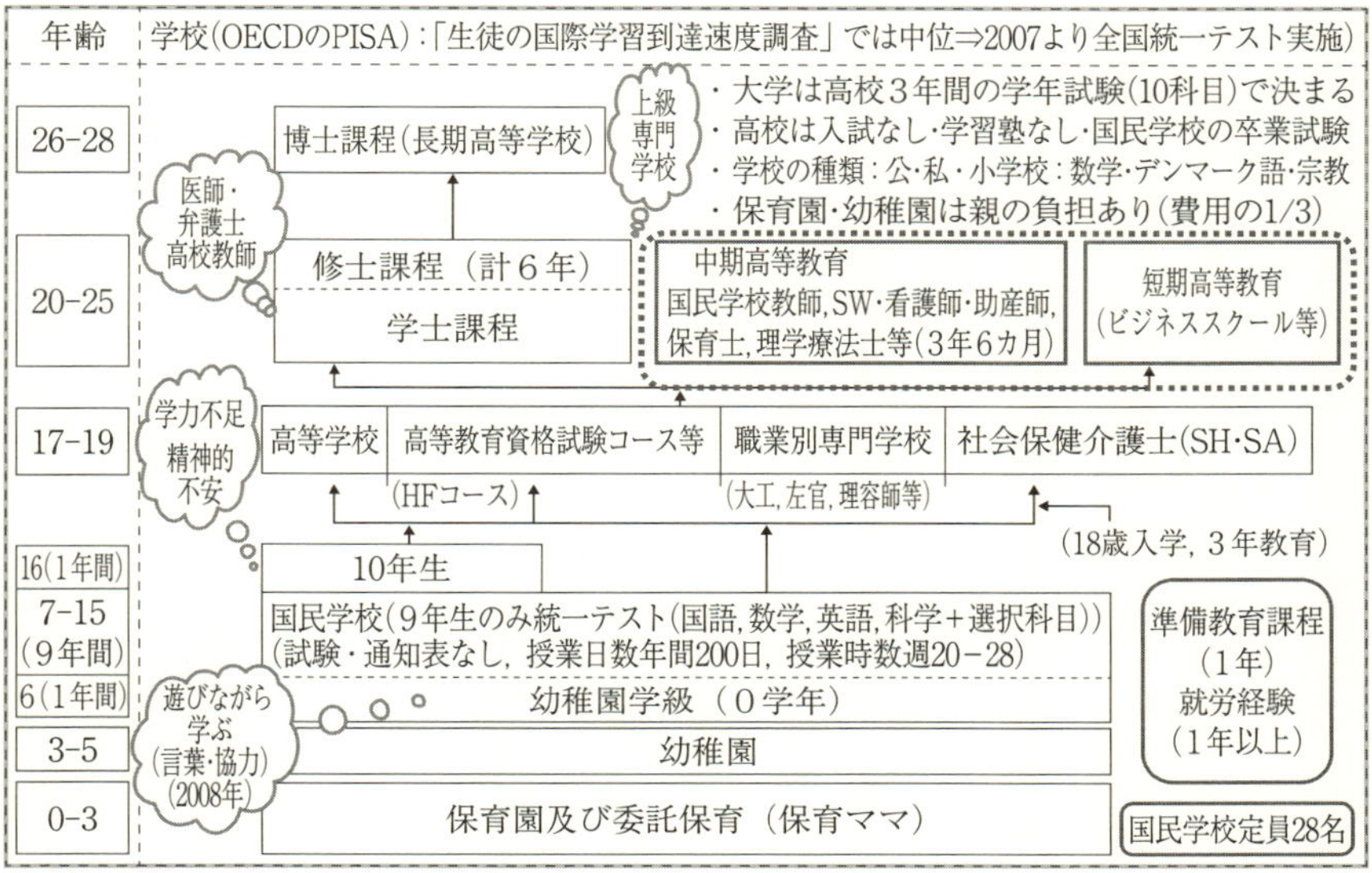

筆者作成

X（高等工業教育資格試験コース）等を修了することによって、大学を含む高等教育機関の入学資格を取得する。また、上級専門学校には、短期高等教育としてビジネススクール、科学技術専門学校、ホテル学校等、中期高等教育として、国民学校教師養成、ジャーナリスト養成、看護師養成、ソーシャルワーカー養成、助産師養成等の学校がある。

⑤国民高等学校：この学校（私立）はグルントヴィの影響をうけた世界でも希有な学校として一八四四年にデンマークで設立された。入学条件は満一八歳であれば男女誰でも入学できる。就学期間は数か月から一〇か月まであり、卒業によって得られる資格は特別ない。授業料に関しては私立の為、学生から徴収しているが、国や自治体から多くの補助をうけている。現在、課程として、デンマーク語、文学、歴史、心理学、最近はデンマーク国民の肥満を改善する意味でダイエットコースも設けられている。この学校の最大の特徴は、

民主主義思想を基調に、自由・平等で試験のない、卒業資格を与えない教育を推進しているところである。二〇一三年現在、学校数は約一〇〇校ある。

2 デンマークの教育制度の特徴

デンマークの教育制度は公的制度によって成り立っている。そのため国民学校から大学まで学費は無料となっている。

しかも、奨学金制度が充実しているため、学生にとって、経済的保障が生活の安定と学習の保障を担保している。

そのため、経済的問題で進学を断念することは希有である。こうした状況のもとで同国の教育制度の特徴を列挙すると次のような点をあげることができる。

①幼稚園学級：就学前教育として、ゼロ学年制度がある。これは、任意の制度であるが、国民学校に入学する前の子どもを対象に一年間の就学前教育を行うシステムである。この目的は、幼児が他の幼児とのコミュニケーションを図ることを目的とするもので六歳児のほとんどの幼児が通っている。

②一〇年生：この制度は幼稚園クラスと同様任意の制度である。この制度の目的は、上級の学校に進学するのには社会性などやや不安がある児童の場合、国民学校の一〇年生として一年間在学延長をし、進路のための準備期間を置くのである。現在は一六歳生徒約五〇％が在籍している。

③カリュキュラム編成：各国民学校では、教育内容は基本的に学校教育法を順守するが、カリキュラムの作成は、「学校理事会」（父母代表七名、教員代表二名、生徒代表二名、教育委員会一名、校長、教頭、計一四名で構成）と相談しながら教育の枠組みを作成することができる。

④高等学校から大学等に進学する場合、多くの学生が、外国旅行や仕事あるいは兵役に就くケースがみられる（半年以上の場合、大学入学に有利に働く）。

⑤デンマークの教育制度は、日本と異なり進路が複線化しているが、再度挑戦が可能なため、子どもにとって複数の受験機会を得ることができる。例えば、大学に進学する場合、高等学校の卒業資格が必要であるが、ＨＦの他、ＨＨＸ、ＨＴＸのコースに所属し、大学進学資格を得ることによって大学に進学することができる。

⑥国民学校においては少人数教育（一クラス二八人以下）が実施されているため、教師と児童・生徒の関係が密接である等をあげることができる。

注

（1）仲村優一・一番ケ瀬康子『世界の社会福祉―デンマーク、ノルウェー』旬報社、一九九九年、一九七ページ

※第4章は、拙論「デンマークのケアスタッフ養成教育に関する現状と課題」『神戸親和女子大学大学院研究紀要』第一一巻、二〇一五年、五七-六八ページを加筆・訂正したものである。

第5章 社会・健康スクール（SOSU）のケアスタッフの養成と新たなる資格案

図表5-1　12種類の職業コース

出所）sosu sælland www.sosusj.dk

1　SOSU制度の構築

SOSU（Social-og sundhedsskolerne、以後SOSU）を構築するきっかけとなったのは、一九九〇年の社会保健基礎教育法（Grundlæggende social-og sundhedsuddannelse）であった。同法の成立により社会保健教育の教育体制が系統的に整備され、介護の専門職である社会保健ヘルパー（social-og sundhedshjælper、以後SSH）と社会保健アシスタント（social-og sundhedsassistent、以後SSA）の両資格取得コースが創設された。現在、SOSUには下記のコースを設けている。

一二のコースは、①自動車・航空機その他の輸送機関、②建築・造園関係、③不動産関係、④動物・植物・自然関係、⑤ファッション関係、⑥食品関係、⑦メディア関係、⑧生産と開発関係、⑨電気・管理関係、⑩健康・介護・教育関係、⑪輸送・物流関係、⑫商業等と多種多様である（図表5-1参照）。

このようにSOSUは、多種多様なコースを設け、学生の進路選択の幅を広くしている。なお、デンマークの教育はすべて無料のため、日本の学生のように学費の捻出で悩むことはない。ケアスタッフ養成に関するコー

写真５－１　ネストヴェズ市のSOSU校舎風景

スは⑩となっているが、このコースで取得できる資格は、社会保健ヘルパー、社会保健アシスタント、教育関係アシスタント、歯科クリニックアシスタント・病院テクニックアシスタントの四種類となっている（訪問したネストヴェズ市SOSUでは歯科クリニックアシスタント並びに病院テクニックアシスタントの養成コースは開講していない）。

ここで、ケアスタッフであるSSHとSSA養成コースの概要をみる。

２　SSH養成コース

SSHとSSAの関係はSSH（一年二か月）の課程を修了して、現場経験を経てSSA（一年八か月）の課程に進むのが一般的である。

SSHの入学資格であるが、①国民学校を卒業した一八歳以上の者、②社会に出て健康・介護・教育関係の職業に就き専門職として人びとのために働くことができる者等となっている。特別な入学試験はなく自治体の書類審査あるいは面接等にて入学が決定する。入学が許可された者は自治体職員として登録・採用され、月々年齢に応じて給与（「学生給与支給制度」）が支給されることになっている。その金額は年齢によって異なるが一八歳以上の学生で月々約一八万円～三〇万円程度支給される。なお、労働の義務（学校での授業や施設・在宅等での実習をサボタージュした場合、あるいは退学した場合）が為されなかったとき、給与の支給は停止される。この学生給与支給制度は質の良いヘルパーやアシスタント等を養成するためのもので、学生にとって経済的保障となり、安心して学業に専念することができるユニークな制度である。また、デンマークが介護職員を如何に重要視しているかがわかる。

国民学校（九年生、選択制一〇年生）を終えて卒業する年齢が一般的に一六歳～一七歳であるため、原則として入学年齢一八歳に達するまで、準備教育（一年、ただし、社会人は除く）が課せられている。この期間は学生にとってモラトリアムの時期となり、自分がケアの業務に適しているかあるいは人間として未熟な点は何かと考える時間であるため、これは、これらの問題を見極める期間となっている。なお、この準備教育（成人には課せられていない）は基本的に二〇週間となっているが最大六〇週間まで認められている。

準備教育を終えて、ＳＳＨ養成課程に進むのである。この課程の修学期

図表５－２　SSHの養成プロセス

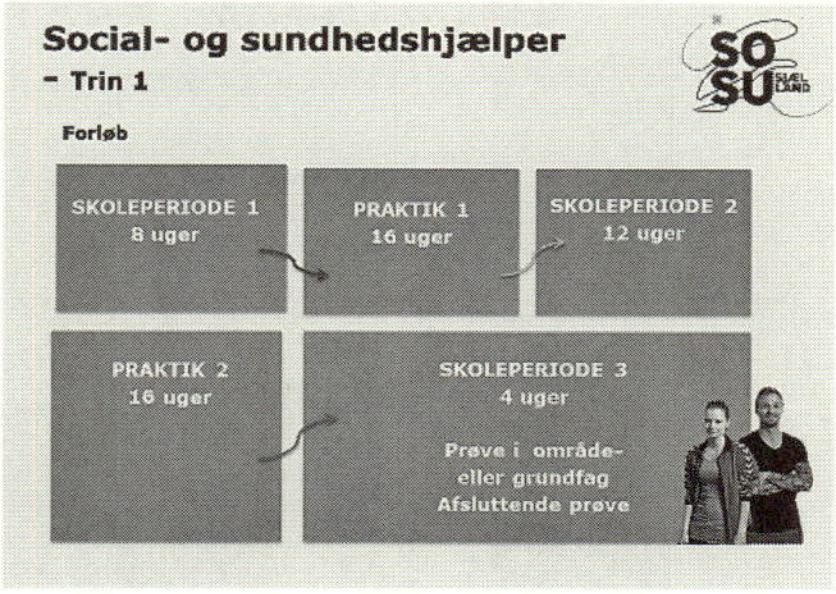

出所）sosu sjælland www.sosusj.dk

［プロセス］
授業１（skolepeiode 1）：８週間
↓
実習１（praktik 1）：16週間
↓
授業２（skolepeiode 2）：12週間
↓
実習２（praktikl 2）：16週間
↓
授業３（skolepeiode 3）：４週間
↓
基本科目あるいは最終テスト
（Prøve iomradeellergrundfag
Afsluttende prøve）
（ただし，１週間は30時間）

図表５－３　SSA の養成プロセス

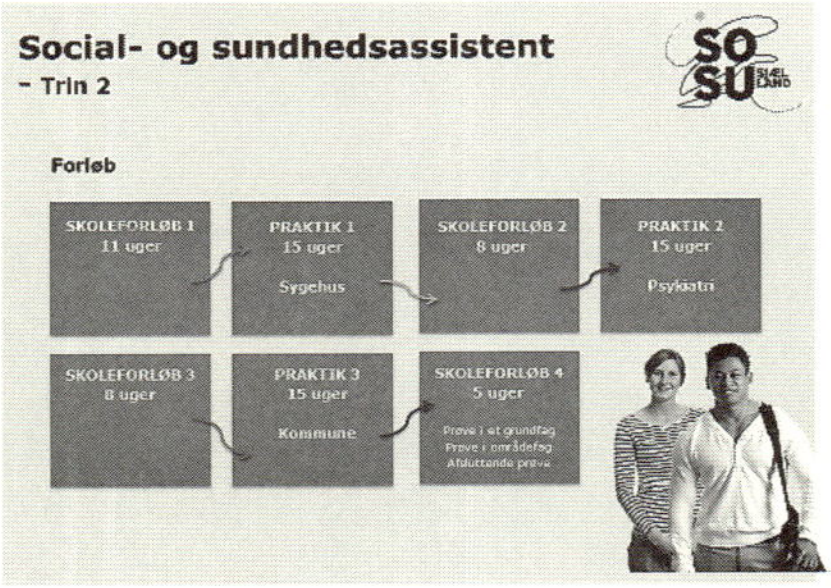

出所）sosu sjælland www.sosuj.dk

写真５－２　ネストヴェズ市の SOSU での学生同士の「食事介助」実習光景

間は一年二か月であるが、その内訳は理論学習が三分の一、実習が三分の二となっている。プロセスは、次の通りである（図表５－２参照）。

３　SSA養成コース

SSAは将来の医療機関等の就職先を考慮して、医学や看護を重点的に学ぶカリキュラムとなっている。SSA養成のプロセスは、図表５－３の通りである。

就職先はSSHと同様、SSA課程を修了した者は公務員として、総合病院、精神科病院、高齢者福祉センター等に勤務し、医師の指導のもとで医療行為（服薬管理、投薬等）の業務を行う。または高齢者施

［プロセス］
授業１（skoleforløb 1）：11週間
↓
実習１（praktik 1）：15週間
［病院実習］
授業２（skoleforløb 2）：８週間
↓
実習２（praktik 2）：15週間
［精神科実習］
授業３（skoleforløb）：８週間
↓
実習３（praktik）：15週間
［自治体実習］
↓
授業４（skoleforløb）：５週間
↓
最終テスト
（ただし，１週間は30時間）

設に勤務し、SSHの指導等を行う業務に就く。なお、SSAの課程を修了した者は、看護師、ソーシャルワーカー、国民学校教師、助産師等の課程を目指すことができる。

4　ドイツの介護人材養成

高齢社会を控えて、質の高いケアスタッフの養成は急務である。これまでみてきたようにデンマークのケアスタッフ養成システムは、福祉先進諸国のなかでも際立っている。その特徴は、①地方自治体が高齢者三原則に基づいてケアスタッフの養成を行っていること、②ケアスタッフ養成中の身分保障が確立されていること、③医療と介護の連携を前提に実技・実習中心のカリキュラムのもとでケアスタッフ養成を行っていること、等である。すなわち養成教育の内容が医療と介護の領域を結実させたものとなっており、このことが、ニーズの適切な対応につながっている。

こうしたデンマークの先進的なケアスタッフ養成に追随する形でドイツでは、「既存の介護職に医学的知識と技術を付与することで看護領域と介護領域の業務を融合・統合して対応するという方策をとっている(1)」。

ここでは、ドイツでの例を取り上げる。同国は我が国同様、少子・高齢社会であり、高齢化社会の介護ニーズに対応するため、社会保険として介護保険法を一九九四年五月に成立させ、翌年の一九九五年四月から在宅、一九九六年七月から、施設給付をスタートさせた。

ドイツ介護保険法は在宅介護を優先するのが基本理念となっている。そのため在宅介護に関わるケアスタッフの養成が必要となった。そこで、老人介護士（Altenpflegerin、以下AP：語意からAltenは老人、pflegerは世話という意味があり、老人を世話する人、すなわち「老人介護士」と翻訳されている。この資格に関して看護職であるという説もあるが、語意ならびに創設の背景から老人介護士とするのが妥当である）の養成を始めた。本来、ドイツでは介護は家人がするものであるというのが定説であり、伝統的であった。しかし、高齢化社会の到来とともに要介護者が増加した結果、家族介護力では介護の限界が明らかとなり、介護保険制度の導入に至ったのである。この老人介護士の養成を始めた理由としてKötherとGnamm（Köther, I. und E. Gnamm：Altenpflege in Ausbildung und Praxis, 2 Aufl. Thieme, Stuttgart 1993）は、①六五歳以上の高齢者の人口が増大し、同時にそのなかで介護を必要とする高齢者も増加してきたこと。②施設や病院で、高齢者や病人を看護してきたキリスト教の教会の修道女の数が減少し、修道女に代わる高齢者介護の専門家の養成の必要性が生じてきたこと。③病院内での労働時間が短縮し、患者の診断と治療の増加に伴い、病院の体質が変化し、病院のなかでも、介護の専門家が必要になったこと等の三点を指摘している。[2] このことが老人介護の専門職としてAPの養成を始めるきっかけとなったのである。当初のAP養成カリキュラムは一般教養として「国語」「宗教」「法律」「職業」「社会権」「政治」等、専門科目Ⅰとして「表現方法」「心理学」「教授法」「運動・制作及び工作」「高齢者の日常生活の問題」、専門科目Ⅱとして「医学的基礎（解剖学、生理学、生物学）」「薬剤」「老人と病人の介護」「老人神経医学」「衛生学」「栄養学」等を開講科目とした。

なお、介護実習に関しては、当初は施設実習が主であったが、現在は在宅実習も重視されている。

このカリキュラムの特徴は、デンマークのSSAのカリキュラムと同様、医学関係の科目が重視されていることである。理由としてAPの専門性が看護理論・技術から派生してきたという背景がある。この点に関しては日本の介護福祉士の養成においても看護理論・技術の影響があると考えられる。また、社会福祉関係の科目として、社会権のみであるが、そこにはドイツ独特の歴史がある。ドイツの社会福祉実践の担い手には多くの宗教団体が関わっている。そのため、同国の社会福祉は宗教（民間団体）の影響を多くうけてきた関係でAPの社会福祉専門職としての位置づけは不明確となっている。

ただ、一九六五年にドイツ公私社会福祉協議会（Deutsche Verein für öffentliche und private Fürsorge）は「老人介護士は、看護師の補助的な仕事ではなく、高齢者の社会的介護を行う職種である」とし、APは医療的介護と社会的介護を兼ね備えた看護師とは異なる専門職であると考えられている。(3)

そして、二〇〇〇年の連邦法「高齢者看護の職業に関する法律」（Gesetz über die Berufe in der Altenpfiege）の公布によって、看護師と同等の医療職として規定された。(4)

なお、APの養成機関は二年間となっていたが、州法の改正で二〇〇一年八月から全国共通のカリキュラムに基づいて養成期間が三年間となった（デンマークのSSAの資格を得るための養成期間と同様であるが、同国が将来的にはＳＳＨを廃止にする方向にあるのはドイツの動向を考慮していると考えられる)。

このようにドイツではＡＰが看護職と同等であり、医療職として規定されることによって、介護業務の社会的地位があがると同時に労働対価である賃金も上昇するのである。ただＡＰが医療職に組み込まれたのは、既述したようにドイツの社会福祉は歴史的に宗教に組み込まれたものであることも忘れてはならない。

5　新たなるケアスタッフ養成制度の諸試案

日本の介護福祉士は今日に至るまで、社会的地位が定まらない。本来、介護業務は「３Ｋ」(汚い・きつい・危険)といわれて久しいが、専門職としての社会的評価は厳しい状況にある。そのもっとも端的なのが賃金である。そのため介護現場では慢性的人手不足状態に陥っている。こうした介護分野の深刻な人手不足に対して、厚生労働省は資格要件緩和策を打ち出そうとしている。現在、介護職は国家資格である介護福祉士以外に「介護職員初任者研修修了者」があるが、原案では研修時間を短縮するか、新たに短時間研修を設定するかが考えられている。このことは、現在の介護福祉士の「質的向上」「低賃金」を放棄した安易な施策といわざるを得ないであろう。デンマーク、ドイツ等では、養成期間を三年に延長し、介護現場のニーズを考慮して、ケアスタッフのスキルを向上させるため、医療分野と介護分野の連携・統合を図っている。厚生労働省の原案は、ケアスタッフの質的

図表５－４　療養生活支援介護師（仮称）の職位

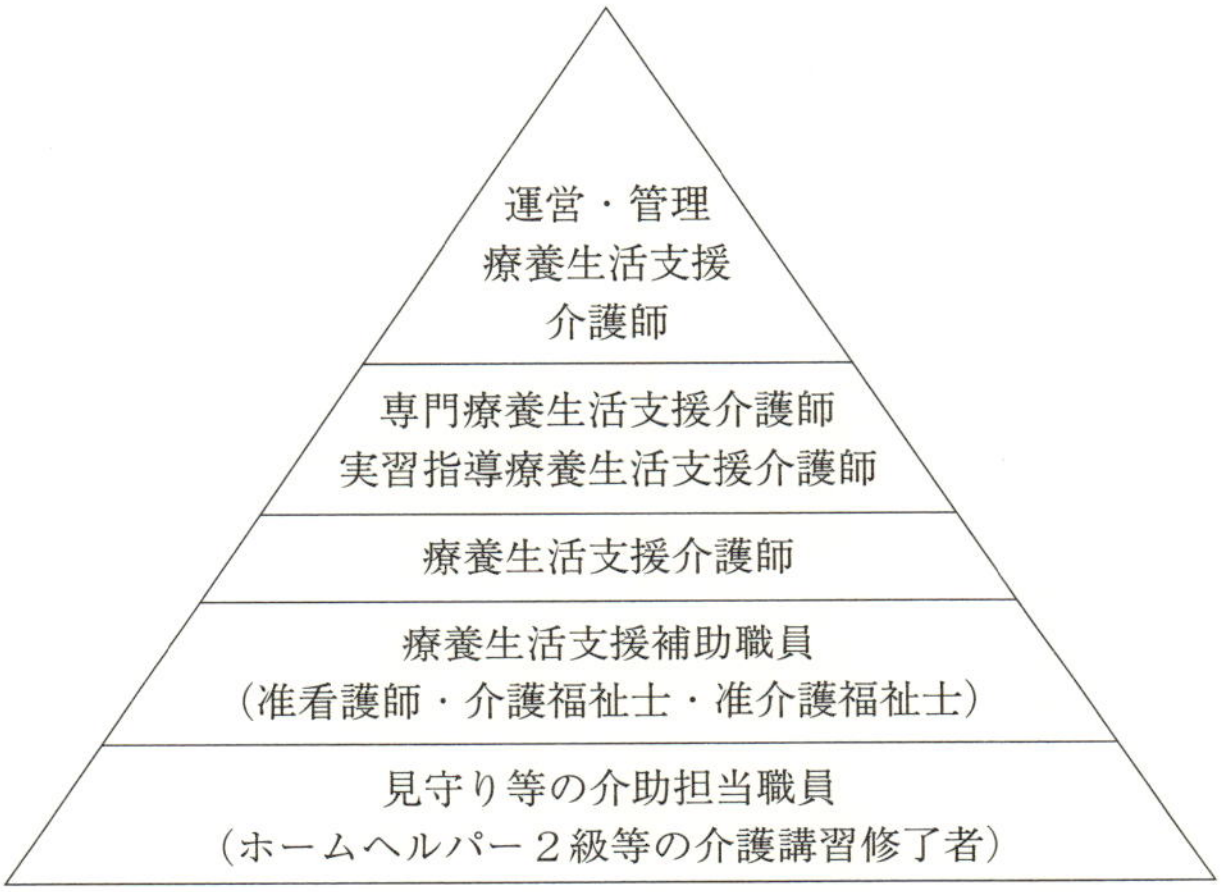

出所）筒井澄栄・石川彪「ドイツ連邦共和国・デンマーク王国における介護職員養成」『海外社会保障研究』Autumn, 2010, No.172, p.58

向上を目指す流れに竿をさすことになる。

ここで、現在、我が国のケアスタッフの質的向上を図るための新たなる資格である二試案を紹介する。

その第一は、筒井澄栄・石川彪（二〇一〇年）による「療養生活支援介護師」（仮称）である。この資格創設の目的は介護現場で日常的に求められている医療行為を介護職員に認めるものである。療養生活支援介護師資格取得は移行による方法を取る。移行は①介護福祉士からの移行と②准看護師からの移行とがある。具体的には①の場合、介護福祉士が二年間の准看護師養成課程にて養成教育をうけ、国家試験に合格することである。②の場合、准看護師が一年間の介護福祉士の養成課程において養成教育をうけ、国家試験に合格することである。なお、本資格の養成期間は三年以上（二、七〇〇時間）で介護福祉士と准看護師の教育内容を融合したものとなっている。[5] この療養生活支援介護師は、医師の指導のもとで、一部の医療行為を行うことができる名称独占の国家資格であり、准看護師や介護福祉士の上位に位置す

図表５－５　コミュニティ・ナース養成コース教育課程

教育内容	単位数
コミュニティケア特論	2
国際コミュニティケア展開論	2
コミュニティケア管理論	1
疫学	2
相談援助の理論と方法	2
高齢者支援と介護保健制度	2
障害者支援と自立支援制度	2
児童・家庭支援と福祉制度	2
精神保健福祉論	1
認知症ケアの理論と実際	1
各種福祉サービスに関する知識	1
コミュニティケア実習	4
合　　計	22

出所）金井一薫「我が国におけるコミュニティ・ナース養成の必要性と可能性ついての提言」『東京有明医療大学雑誌』Vol.5，p.51

る介護職である。このことは現在の介護福祉士の社会的地位の向上並びに一定の社会的評価を得ることにつながる可能性がある（図表５－４参照）。

第二は、コミュニティ・ナース（仮称）である。この試案は金井一薫によるものである。この資格制定の必要性として、①「地域包括ケア＝コミュニティケア」を実現させるためには、ケアを支える人材が不可欠である。②現在の看護師養成教育ではコミュニティ全体の把握と具体的看護実践力を育成するように企画されていない。③社会福祉士及び介護福祉士の教育は生命へのアセスメントや医療現場との共通言語の保持が不足しているため地域包括ケアの任を任せるのは困難である。④ドイツのＡＰは医療職として法的に認知されたが、この養成を日本の介護福祉士のモデルとした経緯を踏まえると、これからの日本のコミュニティ・ナースの養成のヒントとなる、と四点をあげている。[6]

資格取得のルートとして、①現行の看護系大学に「コミュニティ・ナース養成コース」を設立するルートと②

現行の社会福祉系大学で社会福祉士及び介護福祉士資格を取得したものが入学できる専門職大学院にて、看護師の資格を取得して、コミュニティ・ナースとなるルートの二つをあげている[7]。なお、コミュニティ・ナース養成コース教育課程は図表5－5、専門職大学院における看護教育課程は図表5－6の通りである。

ここで、二つの試案の課題について検討する。まず、第一の療養生活支援介護師（仮称）構想であるが、現在、介護老人福祉施設において医療的処置の必要な要介護高齢者に対す

図表5－6　専門職大学院における看護教育課程

教育内容	単位数	選択
【基盤科目】		○：選択
看護理論特論	2	
看護研究特論	2	
コミュニティケア特論	2	
国際コミュニティケア展開論	2	
教育学特論	2	○
地域施設運営特論	2	○
実用英語演習	2	○
【専門基礎科目】		
人体の構造学特論Ⅰ	2	
人体の構造学特論Ⅱ	1	
人体の機能学特論Ⅰ	2	
人体の機能学特論Ⅱ	1	
病理学特論	2	
薬理学特論	2	
生化学特論	1	
臨床疾患学特論Ⅰ	2	
臨床疾患学特論Ⅱ	2	
臨床疾患学特論Ⅲ	2	
栄養学と食育	1	
感染症と疫学	2	
【専門科目】		
生活援助論Ⅰ	1	
生活援助論Ⅱ	1	
看護過程論	1	
フィジカルアセスメント	2	
治療へのケア	2	
生命医療倫理学	1	
看護管理とリスクマネジメント	2	
成人・老年看護学	3	
成人・老年看護援助論	3	
母子看護学	2	
母子看護援助論	2	
精神看護学	1	
精神看護援助論	1	
【看護学実習】		
基礎看護学実習	1	
成人・老年看護学実習	4	
母子看護学実習	2	
精神看護学実習	1	
コミュニティケア実習	6	
【特別研究】	4	
合　計	68	

出所）図表5－5と同じ。p.52

る、介護職員の医療行為（法律違反）が問題となっている。こうした状況を憂慮して、医療行為を担う介護職員の養成を提案しているのが、在宅生活者の継続を目的とし、一部の医療行為ができる療養生活支援介護師（仮称）である。この構想は基本的には、デンマークのＳＳＡ（医療的介護と社会的介護を兼ね備えたもの）の養成を模範としたものと思われる。デンマークでは効果的な成果をあげている。

ただし、問題は①養成教育における移行である。すなわち、介護福祉士からの移行のための二年間の養成課程は職位のレベルアップにつながるが、②准看護師の場合、職位アップのために看護師資格取得を目指すのが一般的であるので、一年間の介護福祉士の養成教育をうけるかどうか甚だ疑問である。ただ、医療的介護と社会的介護を統合した療養生活支援介護師は養成課程において既存養成施設を活用し、且つ准看護師や介護職の社会的地位向上に寄与することを鑑みた場合、評価に値する構想である。

つづいて、第二のコミュニティ・ナース（仮称）の養成であるが、この構想は地域包括ケア構想を起点としたもので、在宅生活者の看護に社会・介護的視点を加味した新たなる専門的看護師構想である。基本的にはドイツのＡＰ養成を参考としているように思われる（ＡＰは厳密にいえば社会的介護に医療的介護を加味したもので看護師と同等となっているが、基本的には老人を世話する人＝老人介護士である）。

このコミュニティ・ナースは、職種としての新たな看護職として位置づけている。その養成は現行の看護系大学に新たに「コミュニティ・ナース養成コース」を設け、福祉系科目（図表５－５）を履修して資格を取得する場合と社会福祉士あるいは介護福祉士の資格を取得した者が新たに設けられる専門職大学院にて看護資格に必要な単位（図表５－６）を取得するかである。このコミュニティ・ナース構想を検証した結果、次のような問題点が浮上した。①看護系大学での履修者は四年で同資格を取得できるが、社会福祉士並びに介護福祉士資格を取得した者は、プラス二年間の履修期間を要することになる。また、②職位に関しては両コースともに看護職となるので、看護師の資格となる。金井一薫も指摘しているように、社会福祉士並びに介護福祉士共に病院看護実践が欠如しているのは同意できる。ただし、社会福祉士の資格はソーシャルワーカー養成のためのものである。看護師の資格をプラスしてコミュニティ・ナースの資格を取得するより、社会福祉専門職であるソーシャルワーカーとして多様化・多層化（今日、従来の行政・施設・医療関係以外に学校関係、更生保護関係等とその領域が拡大化）している社会的ニーズに対応するため社会福祉専門職としての知識・技術・価値の向上に努めることが先決であろう。

また、介護福祉士の養成においても現行の二年間の養成期間では、現実の複雑・多様化したニーズに対応することは困難であり、養成課程・期間の見直しが必然である。よって、③現状の看護系大学の課程においてコミュニティ・ナースの養成は可能であるが、コミュニティ・ナースと従来の看護師との職位の問題が存在する。最後の問題として、④コミュニティ・ナースの資格の取得は、両福祉専門職が福祉職から医療職に移行することになる。このことは両資格者のキャリア・アップにつながるが、社会福祉士並びに介護福祉士の社

図表５－７　介護福祉士の教育体系

教育体系を「人間と社会」「介護」「こころとからだのしくみ」の３領域に再編

介護が実践の技術であるという性格を踏まえ，
　○その基盤となる教養や倫理的態度の涵養に資する「人間と社会」
　○「尊厳の保持」「自立支援」の考え方を踏まえ，生活を支えるための「介護」
　○多職種協働や適切な介護の提供に必要な根拠としての「こころとからだのしくみ」
の３領域に再構成する。

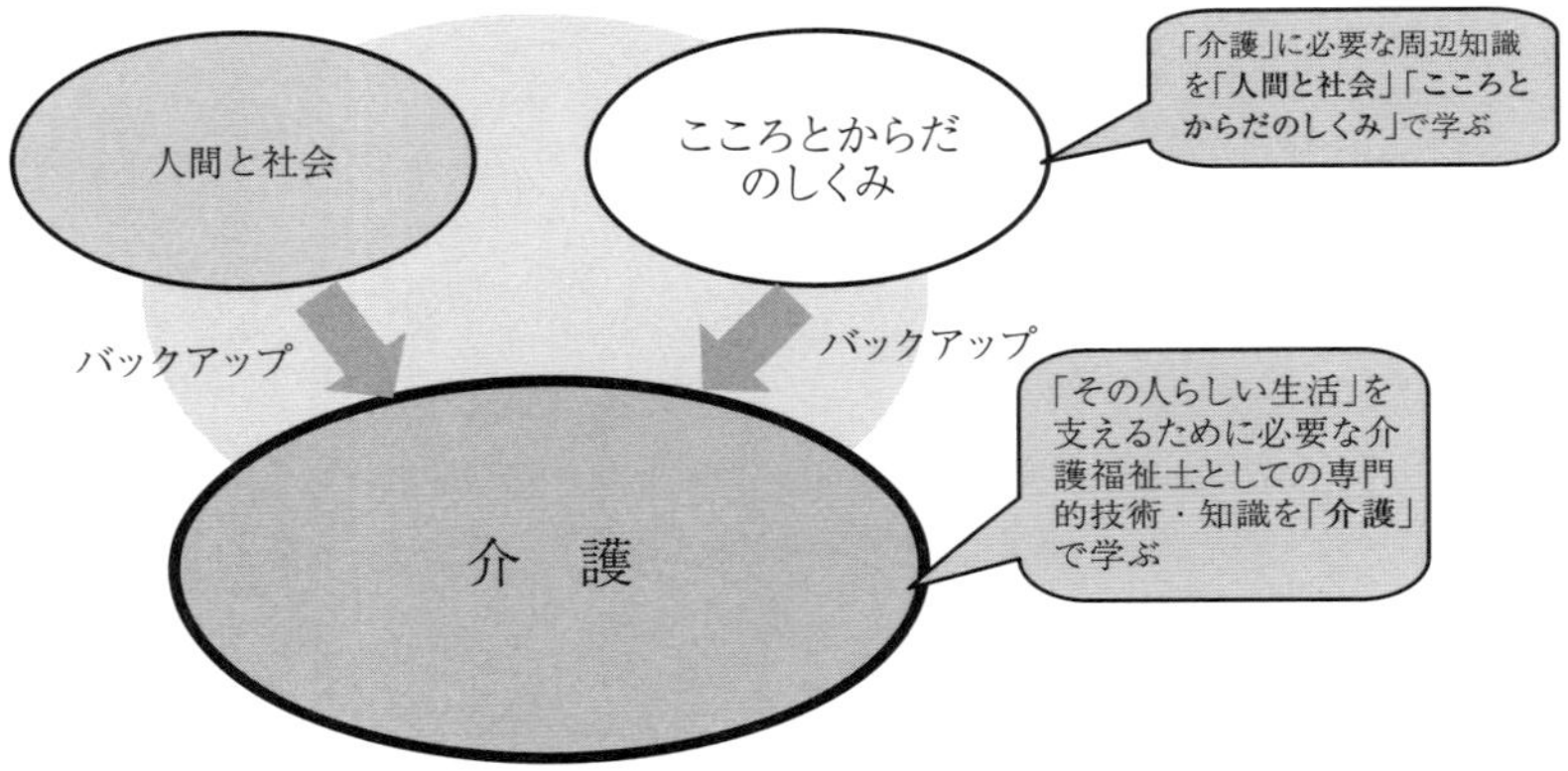

出所）厚生労働省「介護福祉士養成課程における教育内容の見直しについて（案）」2007年12月，p.5

会福祉専門職としての本来の役割が不鮮明になる恐れがある。

次に、以上のことを前提に現在の介護福祉士の教育体系を見直し、今後のあるべき姿を提示する。

６　新たな介護福祉士養成課程の構築へ向けて

厚生労働省は介護福祉士の教育内容の見直し（案）を二〇〇七年一二月に発表した。見直しの理由は、幅広い介護ニーズに対応できる介護福祉士の養成と資格取得の統一であった。今回の改定のなかで求められる介護福祉士像として、①尊厳を支えるケアの実践、②現場で必要とされる実践的能力、③自立支援を重視し、これからの介護ニーズ、政策にも対応できる、④施設・地域（在宅）を通じた汎用性ある能力、⑤心理的・社会的支援の重視、⑥予防からリハビリテーション、看取りまで、利用者の状態の変化に対応できる、⑦多職種によるチームケア、⑧一人でも基本的な対応ができる、⑨「個別ケア」の実践、⑩利用者・家族、チームに対するコミュニケーション能力や的確な記録・記述力、⑪関連領域の基本的な理解、⑫高い倫理性の保持等をあげている。

また、教育体系を①その基盤となる教養や倫理的態度の涵養に資する「人間と社会」、②「尊厳の保持」「自立支援」の考え方を踏まえ、生活を支えるための「介護」、③多職種協働や適切な介護の提供に必要な根拠としての「こころとからだのしくみ」の三領域に

図表５－８　介護福祉士２年課程

領域			教育内容	時間数
人間と社会	人間の理解	必修	人間の尊厳と自立	30以上
			人間関係とコミュニケーション	30以上
	社会の理解		社会の理解	60以上
		選択	※上記必修科目のほか，人間と社会に関する選択科目	
			小　計	240
介護			介護の基本	180
			コミュニケーション技術	60
			生活支援技術	300
			介護過程	150
			介護総合演習	120
			介護実習	450
			小　計	1260
こころとからだのしくみ			発達と老化の理解	60
			認知症の理解	60
			障害の理解	60
			こころとからだのしくみ	120
			小　計	300
合　計				1800

出所）図表５－７と同じ。p.8

再編した（図表5－7参照）。この教育体系に基づいて新たなるカリキュラムを作成している。

二年養成カリキュラムは図表5－8の通りである。このカリキュラムの科目内容をみると「人間と社会」領域では、「人間の尊厳と自立」（三〇時間以上）、「人間関係とコミュニケーション」（三〇時間以上）、「社会の理解」（六〇時間以上）等と人間と社会に関する選択科目を含めて小計二四〇時間、「介護」領域では「介護の基本」（一八〇時間）、「コミュニケーション技術」（六〇時間）、「生活支援技術」（三〇〇時間）、「介護過程」（一五〇時間）、「介護総合演習」（一二〇時間）、「介護実習」（四五〇時間）等で小計一、二六〇時間、「こころとからだのしくみ」の領域では、「発達と老化の理解」（六〇時間）、「認知症の理解」（六〇時間）、「障害の理解」（六〇時間）、「こころとからだのしくみ」（一二〇時間）等、小計三〇〇時間で、養成課程の履修時間は合計一、八〇〇時間となっている。

ここで、デンマークのSSH・SSAの養成と介護福祉士養成課程を比較検討する。まず、（1）カリキュラムであるが、SSH・SSAが三年間で三、九九〇時間（内訳：SSHは一年二か月で一、六八〇時間、SSAは一年八か月で二、三一〇時間）、これに対して介護福祉士は二年間で一、八〇〇時間となっている。次に（2）カリキュラムの内容であるが、本章2、3で述べた通り、SSH・SSAの履修は、領域科目と基本科目に大別され医学系科目を多数開講している。

これに対して介護福祉士は、「人間と社会」「介護」「こころとからだのしくみ」の三領域に分類し、関連科目を配置している。「人間と社会」では、人間の尊厳と自立、人間関係とコミュニケーション、社会の理解に分類し、人間と社会の関係・理解に焦点を絞っている。

このなかでは社会保障制度、介護保険制度、障害者自立支援法（現在の障害者総合支援法）、保健医療、生活保護制度等に至る社会保障制度・社会福祉関連の履修を規定している。

養成課程の中核である「介護」領域では、介護の基本、コミュニケーション技術、生活支援技術、介護過程、介護総合演習、介護実習の履修を規定している。このなかで、資格取得のための履修の中心となる介護実習には四五〇時間を充てている。実習先は厚生労働大臣が別に定めるものであって、介護保険法その他の関係法令に基づく職員の配置に係る要件を満たすものであることとなっている。具体的には①児童福祉法に規定する施設、②生活保護法に規定する施設、③老人福祉法に規定する施設、④介護保険法に規定する指定居宅サービス、⑤障害者自立支援法に規定する施設等となっており、施設・在宅介護となっている。

また、（3）養成期間は、介護福祉士が二年、SSH＋SSAが三年と異なるが、履修時間の相違は明らかである。ことに実習時間の相違は、介護福祉士の四五〇時間に対して、SSHが九六〇時間、SSAに至っては一、三五〇時間を要している。つまり、デンマークのケアスタッフの養成は実習の履修に重きを置くことによって、「介護の質」の担保をキープしているのである。最後に（4）開講科目で注視すべきことは、SSH・SSAの教育理念が医療と介護の統合における専門性の高いケアスタッフの養成を目的としているため、特にＳＳＡの基本科目に医療系科目が多数配置されている。医療的介護と社会的介護の統合である。

これに対して、介護福祉士の養成は「こころとからだのしくみ」の領域において「発達と老化の理解」「認知症の理解」「障害の理解」「こころとからだのしくみ」等の科目において、介護実践のための人体の構造を理解し、日常生活の活動とこころとからだのしくみを学ぶことになっている。しかし、介護実践における利用者の身体的状況を考慮した場合、圧倒的に看護知識・技術を要する場面に遭遇する。在宅・施設介護を実践するためには、医学系（看護理論、病理学、生理学、薬学・細胞病理学等）学問の学習・理解が必ず必要である。以上が養成における両者の主たる相違であるが、今後、ニーズの多様化・多層化に伴う現況にあって、介護福祉士養成カリキュラムにおいて医学系科目の導入、養成期間の延長（二年から三年へ）は、ドイツ、デンマークの動向をみても回避できない事柄である。

今後のケアスタッフの養成において、介護と看護の連携・統合がますます必要になる。つまり、両者を包含するケアの概念の構築である。スウェーデンの老年学の研究者アニータ・カンガスフィール（Anita Kangas Fyhr）はケアについて次のように規定している。「看護や介護、治療、世話など、人がそれぞれの場でできるだけ快適な生活をおくれるよう周りが行うクライエントへの援助のことを指しています。そのなかには、法律や規則、社会政策なども含まれていることを知ることは大切です[8]」。ケア（care）の意味には、医療、看護、介護、保育等の概念が包含されており、ケアはこれらの用語の上位概念である。つまり、看護であれ介護であれ、互いの領域を順守するだけでなく、相互性・互換性が大切である。今後、より一層看護と介護における理論と実践を踏まえたカリキュラムがケアスタッフ養成において重要となるであろう。具体的な介護福祉の養成試案については、（次の）第6章で述べることにする。

注

（1）筒井澄栄・石川彪「ドイツ連邦共和国・デンマーク王国における介護職員養成」『海外社会保障研究』Autumn、二〇一〇年、No.一七二、五七ページ
（2）仲村優一・一番ケ瀬康子『世界の社会福祉―ドイツ・オランダ』旬報社、二〇〇〇年、二二七ページ
（3）同前（2）二二九ページ
（4）前掲書（1）五七ページ
（5）前掲書（1）六二―六三ページ
（6）金井一薫「我が国における〝コミュニティ・ナース〟養成の必要性と可能性についての提言」『東京有明医療大学雑誌』Vol.五、二〇一三年、四七―四八ページ
（7）同前（6）五〇ページ
（8）アニータ・カンガスフィール、オルガ・ウィルヘルムソン著／古橋エツ子監修、ハンソン友子・日比野茜・楠野透子訳『スウェーデンにおけるケア概念と実践』「まえがき」ノルディック出版、二〇一二年

参考文献

「SOSU Sjælland」www.sosusj.dk

加登田恵子「北欧の精神医療・福祉・教育―２０１１デンマーク報告―」（デンマークの福祉の文化的基盤と福祉教育）『山口県立大学学術情報』 第五号（社会福祉学部紀要 通巻第一八号）二〇一三年三月

成清美治『新・ケアワーク論』学文社、二〇〇三年

成清美治『ケアワーク入門』学文社、二〇〇九年

岩田克彦「改革が進む欧州各国の職業教育訓練と日本―日本においても職業教育訓練の総合的強化が急務」『日本労働研究雑誌』No.595/Special Issue 2010

野村武夫『「生活大国」デンマークの福祉政策―ウェルビーイングが育つ条件』ミネルヴァ書房、二〇一〇年

江口千春著、ダム雅子訳『デンマークの教育に学ぶ』かもがわ出版、二〇一〇年

ケンジ・ステファン・スズキ『デンマークが超福祉大国になったこれだけの理由』合同出版、二〇一〇年

伊藤美好『パンケーキの国で―子どもたちと見たデンマーク』平凡社、二〇〇一年

※各パワーポイントは、筆者がコリング市高齢者福祉部長（講義担当者）の許可の下で撮影（二〇一三年一一月二〇日）

※写真は、ネストヴェズ市のＳＯＳＵの管理者の許可をうけて筆者が撮影。

※第5章は、拙論「デンマークのケアスタッフ養成教育に関する現状と課題」『神戸親和女子大学大学院研究紀要』第一一巻、二〇一五年、五七－六八ページを加筆・訂正したものである。

第6章

地域包括ケアシステムと介護人材の養成

1 地域包括ケアシステム構築の背景

我が国の介護保険制度は二〇〇〇（平成一二）年にスタートして、一五年を経過した。介護保険制度はこれまでのサービス体系のあり方を措置制度から利用者（契約制）に変換したのである。その後、社会情勢に応じて、介護保険法の「改正」並びに関連法案が成立した。その主な改正は、（1）二〇〇五（平成一七）年の「介護保険法等の一部を改正する法律」、（2）「介護サービスの基盤強化のための介護保険法等の一部を改正する法律」（二〇一一年）と関連法案（3）「地域における医療及び介護の総合的な確保を推進するための関係法律の整備等に関する法律」（以下、「医療介護総合確保推進法」）（二〇一四年）等である。まず、（1）の改正の目的は、これまでの介護中心のサービスから、予防を重視したサービスへの転換である。そのポイントは、ア．予防重視型システムへの転換、イ．施設給付の見直し（食費・居住費の徴収）、ウ．新たなサービス体系の確立（新予防給付の創設）、エ．サービスの質の確保・向上、オ．負担のあり方・制度運営の見直し等。次に（2）の改正法の目的は、住みなれた地域での生活の継続性のため、医療、介護、予防、住まい、生活支援サービスが間断なく提供できる地域包括ケアシステムの実現を図るための取り組みを推進することである。改正のポイントは、①地域包括ケアの推進地域包括ケアを念頭に

図表６－１　「地域包括ケアシステムについて」

医療，介護，予防，住まい，生活支援サービスが連携した要介護者等への包括的な支援（地域包括ケア）を推進

【地域包括ケアの５つの視点による取組み】

地域包括ケアを実現するためには，次の５つの視点での取組みが包括的（利用者のニーズに応じた①～⑤の適切な組み合わせによるサービス提供），継続的（入院，退院，在宅復帰を通じて切れ目ないサービス提供）に行われることが必須。

①医療との連携強化
- 24時間対応の在宅医療，訪問看護やリハビリテーションの充実強化
- 介護職員によるたんの吸引などの医療行為の実施

②介護サービスの充実強化
- 特養などの介護拠点の緊急整備（平成21年度補正予算：３年間で16万人分確保）
- 24時間対応の定期巡回・随時対応サービスの創設など在宅サービスの強化

③予防の推進
- できる限り要介護状態とならないための予防の取組みや自立支援型の介護の推進

④見守り，配食，買い物など，多様な生活支援サービスの確保や権利擁護など
- 一人暮らし，高齢夫婦のみ世帯の増加，認知症の増加を踏まえ，さまざまな生活支援（見守り，配食などの生活支援や財産管理などの権利擁護サービス）サービスを推進

⑤高齢期になっても住み続けることのできる高齢者住まいの整備（国交省と連携）
- 一定の基準を満たした有料老人ホームと高専賃を，サービス付高齢者住宅として高齢者住まい法に位置づけ

※「地域包括ケアシステム」は，ニーズに応じた住宅が提供されることを基本とした上で，生活上の安全・安心・健康を確保するために，医療や介護，予防のみならず，福祉サービスを含めたさまざまな生活支援サービスが日常生活の場（日常生活圏域）で適切に提供できるような地域での体制と定義する。その際，地域包括ケア圏域については，「おおむね30分以内に駆けつけられる圏域」を理想的な圏域として定義し，具体的には，中学校区を基本とする。

出所）厚生労働省「介護サービスの基盤強化のための介護保険法等の一部を改正する法律の概要」2011年，p.21

おいた介護保険事業計画の策定、②二四時間対応の定期巡回・随時対応サービスの創設、③複合型サービスの創設、④介護予防・日常生活支援総合事業の創設、⑤介護療養型医療施設の転換期限の延長、⑥介護職員等によるたん吸引等の実施、⑦介護福祉士の資格取得方法の見直しの延長、⑧情報公表制度の見直し、⑨事業者に対する労働法規の遵守の徹底、⑩有料老人ホームにおける利用者保護規定の追加、⑪市民後見人の活用による認知症対策の推進、⑫保険者による主体的な取り組みの推進、⑬保険料の上昇の緩和、⑭高齢者住まい法（「高齢者の居住の安定確保に関する法律」）等となっている。最後に（3）の制定の目的は、持続可能な社会保障制度の確立を図るため効率的あるいは質の高い医療供給体制

を構築すると共に地域包括ケアシステムを構築し、地域における医療並びに介護の総合的確保を推進するため、医療法、介護保険法等の法律を整備することである。その改正の概要は、①新たな基金の創設と医療と介護の連携強化、②地域における効率的かつ効果的な医療供給体制の確保、③地域包括ケアシステムの構築と費用負担の公平化（介護保険関係）等となっている。

この一連の法改正において注目すべきことは、「介護サービスの基盤強化のための介護保険法等の一部を改正する法律」において、介護職員等によるたんの吸引等の実施が認められたことである。介護職員の医療行為（薬剤の配布・調合、筋肉注射、褥瘡の治療等）の実施については、欧米福祉先進諸国（デンマーク、ドイツ等）では一定の単位履修及び研修修了者に対して以前から容認されている。我が国においても医療行為は懸案事項であったが、このたびの改正にて「たんの吸引」（口腔内、鼻腔内、気管カニュレ内部）、「経管栄養」（胃ろう、腸ろう、経鼻経管栄養）等の業務が一定の研修をうけた介護福祉士に認められることになった。

ところで、地域包括ケアシステム創設の背景要因として、①六五歳以上の高齢者の人口増加がある。特に団塊の世代（約八〇〇万人）が七五歳以上になる二〇二五（平成三七）年以降、医療・介護のニーズが増加することが見込まれているため、今後の生活支援サービス体制の整備が逼迫化、②地域で暮らす人びと、なかでも高齢で慢性疾患を抱えながら地域で生活をする人びと―健康概念の変化による医療的ケアと社会的ケアを必要とする人びとの増加、③認知症高齢者の増加等をあげることができる。すなわち高齢化社会での

「キュア（治療）」（病院・施設）から「ケア（介護）」（地域・家庭）への健康概念の変化のもとで、「地域での尊厳ある生活の継続」と「生活の質の向上」（ＱＯＬ）への支援が地域包括ケアシステムに対する期待であり課題でもある。

２　地域包括ケアの概念・定義・責務

地域包括ケアには二つの概念がある。①地域を基盤とするケア（community-based care）、②統合ケア（integrated care）である。前者は公衆衛生アプローチに立脚し、地域の健康上のニーズ、健康に関する信念や社会的価値観にあわせ、地域社会による参画を保証しながら構築されるケアをいう（Plochg. T. and N. S. Klazinga, community-based Integrated Care: myth or must; *International Journal for Quality in Health Care*, 1, April, 2002）。後者は、診断・治療・ケア・リハビリテーション・健康増進に関するサービスの投入・分配・管理と組織をまとめる概念である[1]（Gröne, O. and M. Garcia-Barbero, Integrated care: a position paper of the WHO European Office for Integrated Health Care Services, *International Journal of Integrated Care*, 1, June, 2001）。

近年この二つのケア概念の統合化を試みる傾向がみられる。「地域包括ケア研究会報告書」（二〇〇八年）（以下、報告書）は、地域包括ケアシステムを「ニーズに応じた住宅が提供されることを基本とした上で、生活上の安全・安心・健康を確保するために、医療や介護、予防のみならず、福祉サービスを含めたさまざまな生活支援サービスが日常生活の場（日常生活圏）で適切に提供できるような地域での体制」と定義している[2]。

また、国及び地方公共団体の責務として、介護保険法第五条第三項に「国及び地方公共団体は、可能な限り、住み慣れた地域でその有する能力に応じ自立した日常生活を営むことができるよう、保険給付に係る保健医療サービス及び福祉サービスに関する施策、要介護状態となることの予防又は要介護状態等の軽減若しくは悪化の防止のための施策並びに地域における自立した日常生活の支援のための施策を、医療及び居住に関する施策との有機的な連携を図りつつ包括的に推進するよう努めなければならない。」とその責務を規定している。

図表６－２　包括ケアシステムの概念図

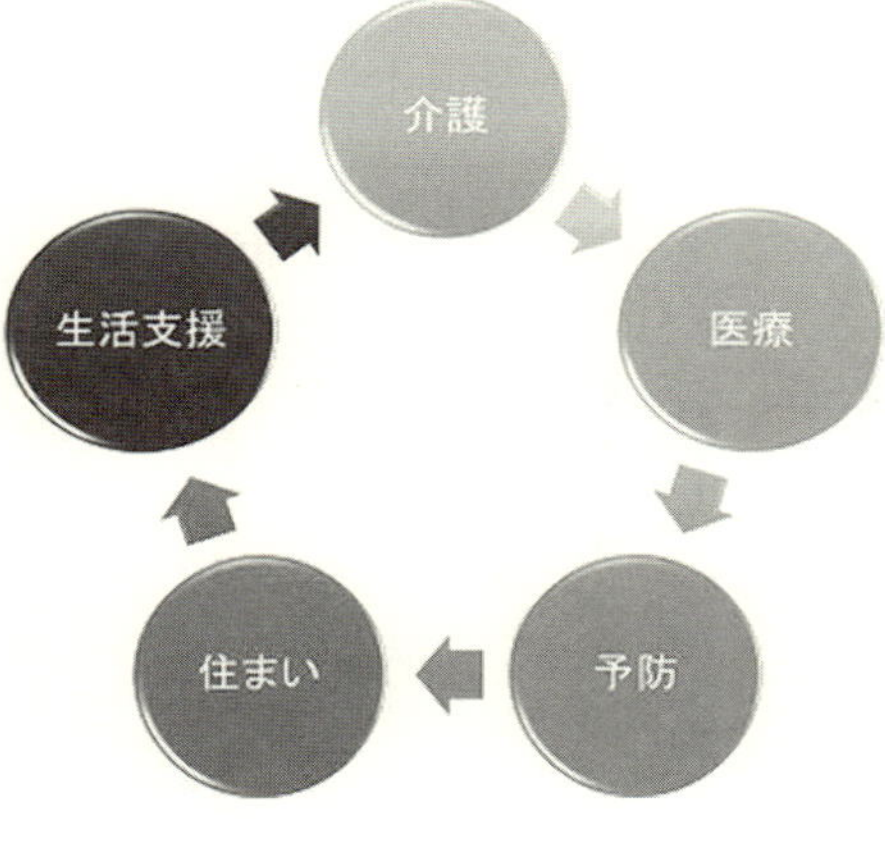

3　包括的ケアの具体的内容と方法

まず、地域包括ケアシステムの具体的内容について述べることにする。

同システムはおおむね三〇分以内に必要なサービスを提供することを目指しており、日常生活圏域（中学校区）を単位として二〇二五年を目途としている。このシステムにより、①住まい（自宅・ケア付き住宅）、②医療、③介護、④予防、⑤生活支援等が一体的に提供されることになる。

すなわち、住まい、医療、介護、予防、生活支援の五つの構成要素と自助（自分のことは自らする）・互助（家族・親族・近隣等、ボランティア）・共助（介護保険制度等）・公助（高齢者福祉事業、生活保護、人権擁護・高齢者虐待防止法）等）により、高齢者の尊厳の保持と自立を目的とし、住み慣れた地域での生活を持続可能にするための包括的ケアサービスを提供することである。地域包括システムを支えるためには五つの構成要素と自助・互助・共助・公助との連携協働が必要となる。ここで問題となるのは、我が国は一九九〇年代の社会福祉基礎構造改革以降、社会福祉サービスが「措置制度」から「利用者・契約制度」へと転換され、サービス利用における利用者の負担割合の増加（介護保険料の上昇、介護サービスの利用者負担の増加等）による公的サービスが後退し、家族・親族あるいは近隣によるインフォーマルで無償の介護である「自助」が強調されたことである。低所得者層にとって自己負担の増加は、日常生活の維持・継続が困難となっている。なかでも地域包括ケアシステム推進の中核となる「住まい」の確保は低所得者にとって切迫した問題である。

現在、高齢者住宅対策として、「高齢者の居住の安定確保に関する法律」が二〇一一（平成二三）年二月八日に改正され、サービス付き高齢者向け住宅として整備されることになった。このサービス付き高齢者住宅の建物、サービス、契約等について登録基準が満たされた住宅は都道府県知事の登録をうけることになる。今後、地方自治体の財政が逼迫したもとで、この割合をどの程度上昇させるかが、地域包括ケアサービス推進の充実に対して影響を与えるといっても過言ではない。このインフォーマルな介護を法的に支援する親族介護支援が存在する国としてフィンランドをあげることができる。同国では一九七〇年代ま

図表６－３　フィンランドの親族介護の全体像

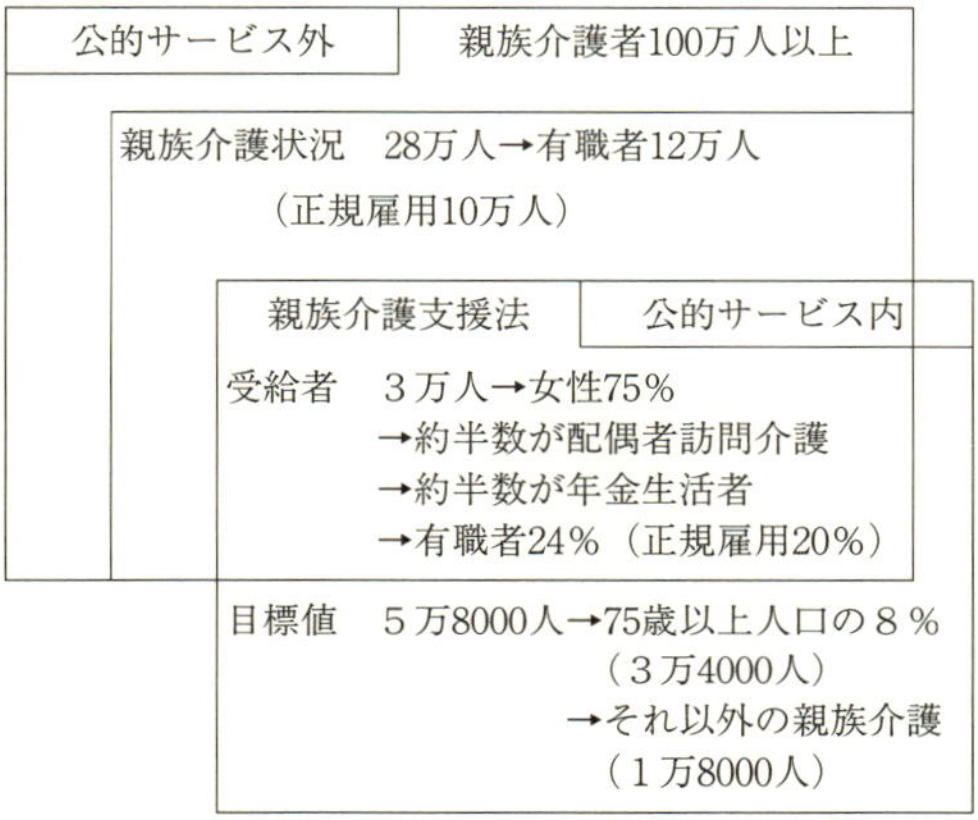

資料）2007年STAKES「全国調査報告」，2004年「親族介護の改革の提案内容とその費用」
出所）笹谷春美『フィンランドの高齢者ケア―介護者支援・人材養成の理念とスキル』明石書店，2013年，p.101

で親族者に対して介護義務を課していた。しかし、「社会福祉法」（一九八二年）の成立で公的制度による「家族介護手当」が支給されるようになった。この家族介護手当とは、高齢者、障害者または疾病者への在宅介護その他の世話を保障すべく供される介護補助金およびサービスであり、家族や親近者との取り決めと必要なサービスからなるもので詳細内容は被介護者の介護・サービス計画によって規定される。(3) また、二〇〇五年には、インフォーマルな介護を法的に支援する「親族介護支援法」（the Act of Support for Informal Care）が制定された。この法制化の理由として、①自治体のサービス提供がバラバラで介護者への支援に対する格差が存在したこと、②自治体の厳しい財源をカバーするためにより低料金な親族介護を積極的に公的サービスのなかに導入する必要があったこと、等(4)をあげることができる。このようにしてインフォーマルサービスでありながら「親族介護支援法」の枠内での公的サービスが成立した。図表６－３はフィンランドの公的サービスあるいは公的内サービスによる親族介護の全体像である。

　この図表から多数の要介護高齢者が親族から介護をうけていることがわかる。また、二八万人の親族介護者のうち、一二万人が仕事に従事している。なお、公的サービスをうけている要介護者は三万人となっており、親族介護状況二八万人のうち一割程度となっている。この背景には急速に進む高齢化と不況による地方自治体の財政の逼迫が考えられる。このように圧倒的多数が「親族介護」として公的支援をうけていないのである。このことは、サービスの普遍主義を標榜しているフィンランドとしては、今後どの程度公的サービス提供量を拡大できるか注目されるところである。

ところで、我が国において、二〇一三年に導入された介護予防・日常生活支援総合事業が新たに見直され「新しい介護予防・日常生活支援総合事業」（以下、新しい総合事業）（二〇一四年）が創設された。この新しい総合事業は「医療介護総合確保推進法」の登場により、従来の介護予防・日常生活支援総合事業が見直された。新しい総合事業は「介護予防・生活支援サービス事業」と、「一般介護予防事業」によって構成される。この新しい総合事業の対象者は、地域包括支援センターにてサービスを利用することになる。その対象は要支援者並びに介護予防・生活支援サービス事業対象である。

地域包括ケアサービスを実現する方法において重要な点は、原則、日常生活圏（三〇分でかけつけられる圏域）において、医療、介護、予防、住まい、生活支援が包括的（利用者のニーズに応じた、適切な組み合わせによるサービス提供）、継続的（入院、退院、在宅復帰を通じて切れ目ないサービス提供）に実施されることが必要である。同時に国と地方自治体は、被保険者が可能な限り住みなれた地域で日常生活を営むことができるよう各施策を講じなければならない。[5]また、地域包括ケアサービスを円滑に推進する方法として、地域ケア会議の開

図表６－４　訪問介護員，介護職員の採用・離職の状況（平成24年10月１日～25年９月30日）

①　**事業所規模別　離職率比較**

20人以上49人以下，100人以上では前年度よりも離職率が上昇した

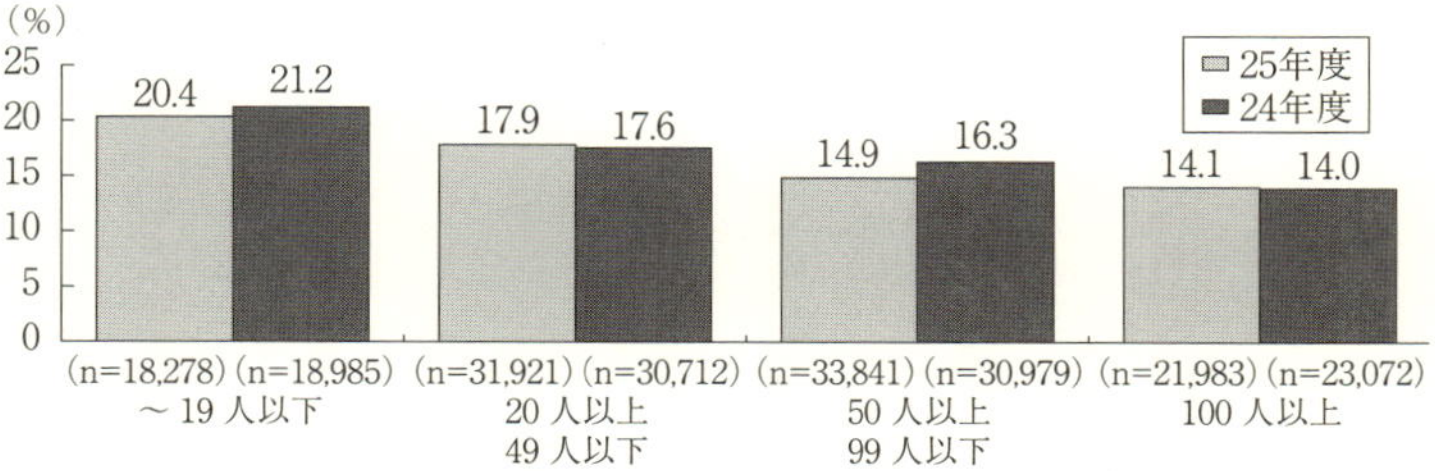

②　**介護サービス別　離職率比較**

通所介護は離職率が0.6％上昇した

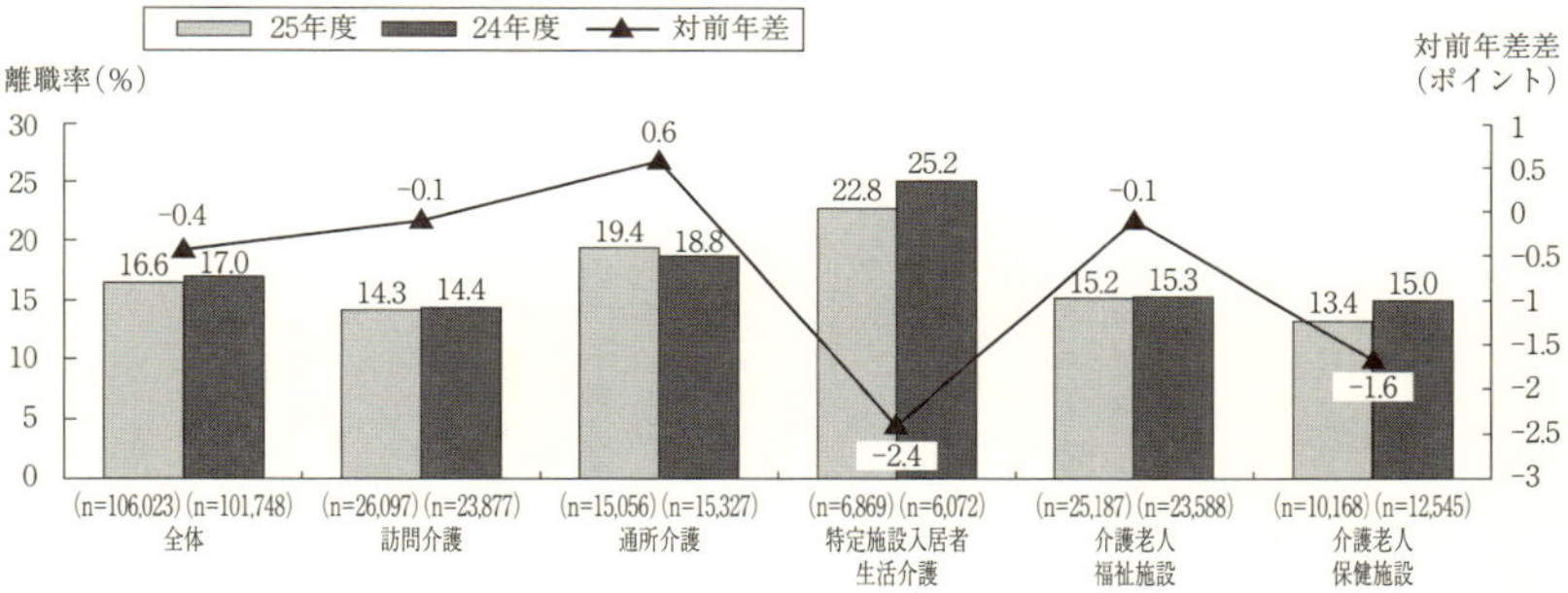

出所）介護労働安定センター「介護労働の現状について」2014年８月，p.19

催が提唱されている。同会議の主催は地域包括支援センターで、主な構成員として自治体職員、包括支援センター職員、ケアマネジャー、介護事業者、ＯＴ、ＰＴ、ＳＴ、医師、歯科医師、薬剤師、管理栄養士、歯科栄養士等となっている。なお、地域ケア会議の役割は高齢者個人に対する支援とそれを支える社会基盤の整備となっている。ただ、残念なのは要介護者、要支援者に対するケアの担い手である介護福祉士が含まれていないことである。

4　介護従事者の定着率・離職・賃金

介護保険制度開始以降、介護事業所における介護従事者の社会的地位向上が問われて久しい。最近、低賃金、重労働、長時間のため介護福祉士養成校の入学志

図表6－5　労働条件等の不満（労働者回答）「仕事内容のわりに賃金が低い」が多い

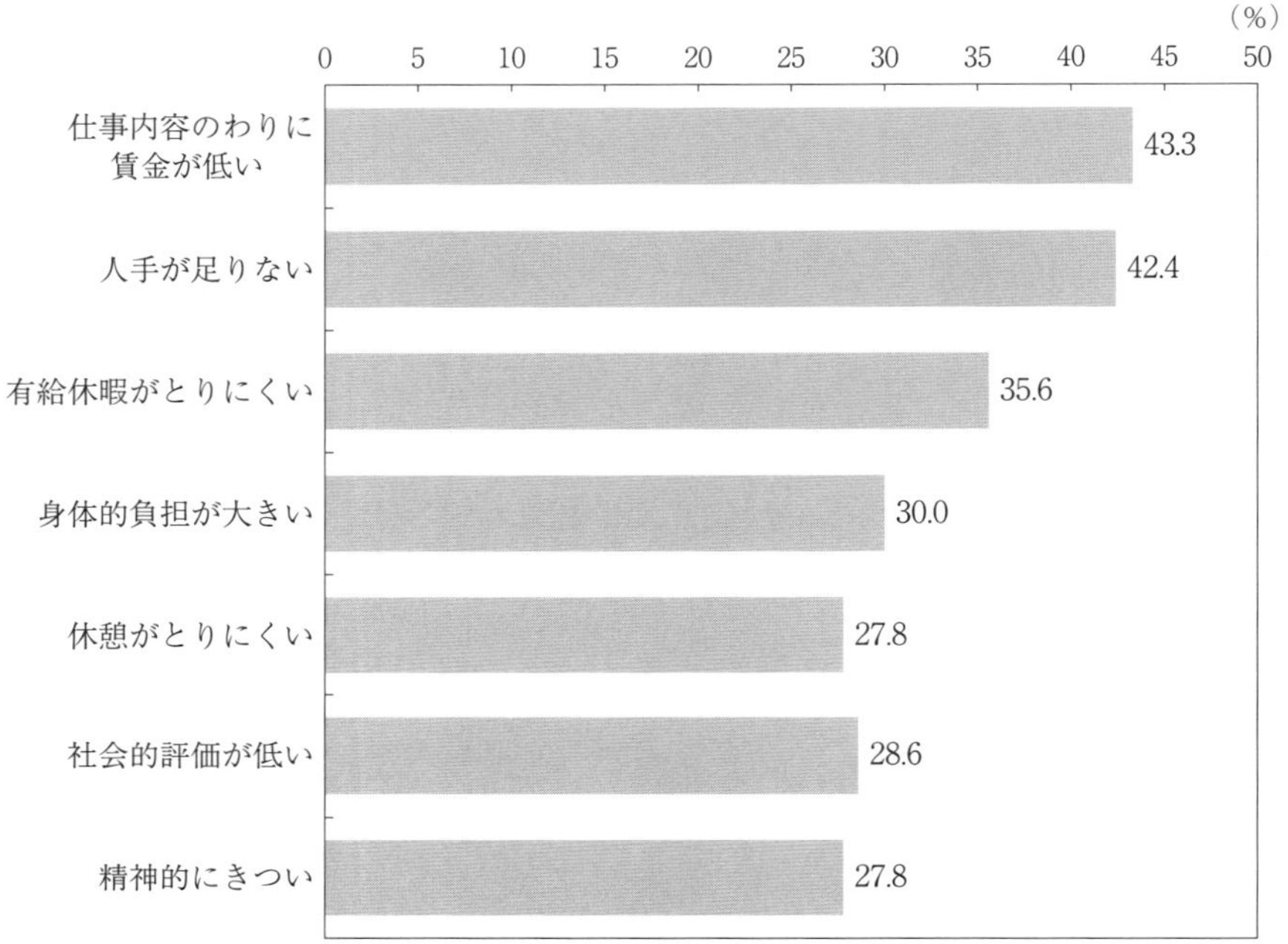

出所）図表6－4と同じ。p.56

望者が激減し、その結果、養成校の廃科・廃校による募集停止を招き、結果として介護職員の慢性的不足という現象を生み出す要因となっている。ここで、㈶介護労働安定センターによる介護労働実態調査「介護労働の現状について」（二〇一四年）を検討する。まず、（1）介護職員の定着率についてみることにする。

図表6－4から、①平成二四年度、平成二五年度共に事業所別でみた場合、一九人以下並びに五〇人以上～九九人以下の規模の事業所において離職率が上昇している。また、②介護サービス別にみた離職率は特定施設（介護保険法第八条第一一項に規定する有料老人ホームその他厚生労働省令で定める施設である）の入居者生活介護に従事している介護職員の離職率が目立って顕著である。この理由として介護職員の仕事に対するや

図表６－６　各介護関係職員の実質賃金

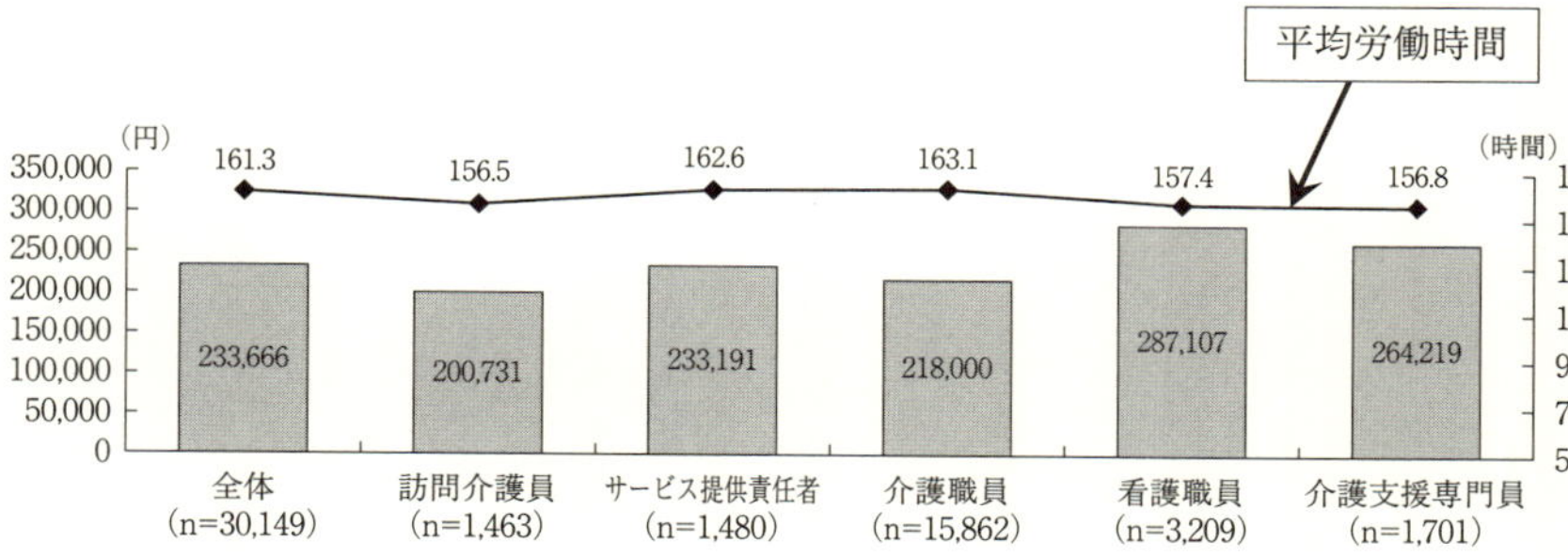

出所）図表６－４と同じ。p.48

りがいの欠如、介護技術を生かせる場面がすくない等が考えられる。

次に（２）離職の原因であるが、調査結果（図表６－５参照）より、以下のことがわかる。

離職の主要因として労働条件の不満を指摘することができるが、もっとも割合が高いのが「仕事内容のわりに賃金が低い」で四二・四％を占めている。続いて多くを占めているのが「人手が足りない」が四三・六％を占めている。三番目に、「有給休暇がとりにくい」そして、四番目に「身体的負担が大きい」が続き、五番目に「精神的にきつい」「社会的評価が低い」最後に「休憩がとりにくい」とつづき、労働条件並びに社会的評価が労働条件不満の一因となっている。

これまで（１）定着率、（２）離職の原因についてみてきたが、次に定着率並びに労働条件と密接な関係にある（３）介護職員の平均賃金を検討する（図表６－６）。

この図表をみると、介護関係職員全体の実質賃金（月収）は、二三三、六六六円となっている。具体的にみると介護職員の実質賃金（月収）が二一八、〇〇〇円である。

また、訪問介護員は二〇〇、七三一円と各介護労働者のなかで、最低の賃金水準となっている。

図表６－７　定着率向上の為の取組み

「労働時間の希望を聞く」,「コミュニケーションの円滑化を図る」が重要

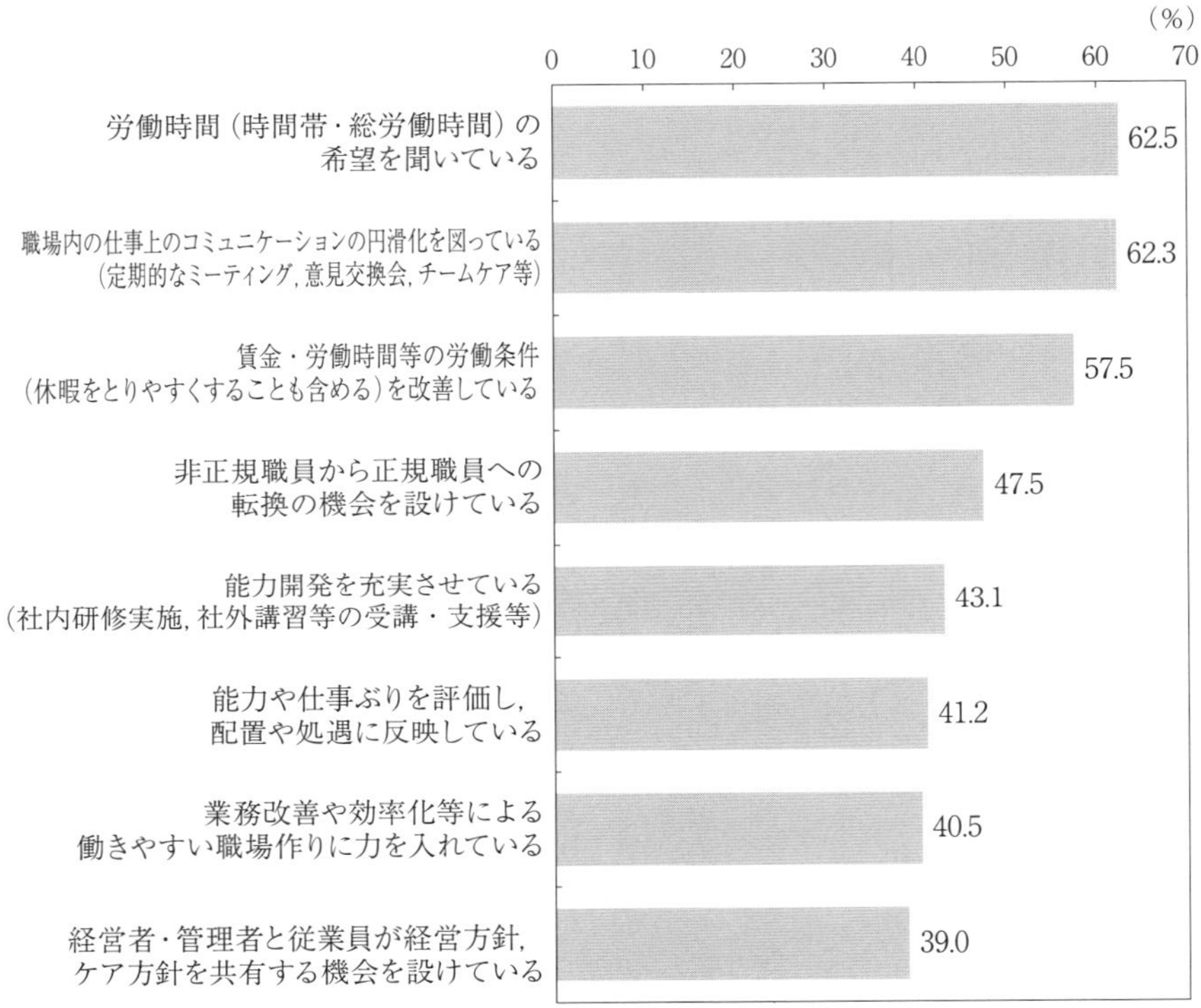

出所）図表６－４と同じ。p.22

この両者は若干の差があるが、介護職員と訪問介護員の月収は他の介護関係職員のなかでもっとも低い水準となっている。これらの介護関係職員の平均賃金は一般労働者の平均賃金の約七〇％といわれており、介護関係職員不足の要因のひとつとなっている。

このような離職率、労働条件、低賃金という問題を抱えた介護現場では、介護関係職員の不足状況の解決は困難を極めている。ただ、このような状況を打開するため、各施設・機関では早期離職防止並びに定着促進策として図表６－７のように「労働時間の希望を聞く」あるいは「コミュニケーションの円滑化を図る」ことが重要で

図表６－８　介護人材確保における当面の見通し

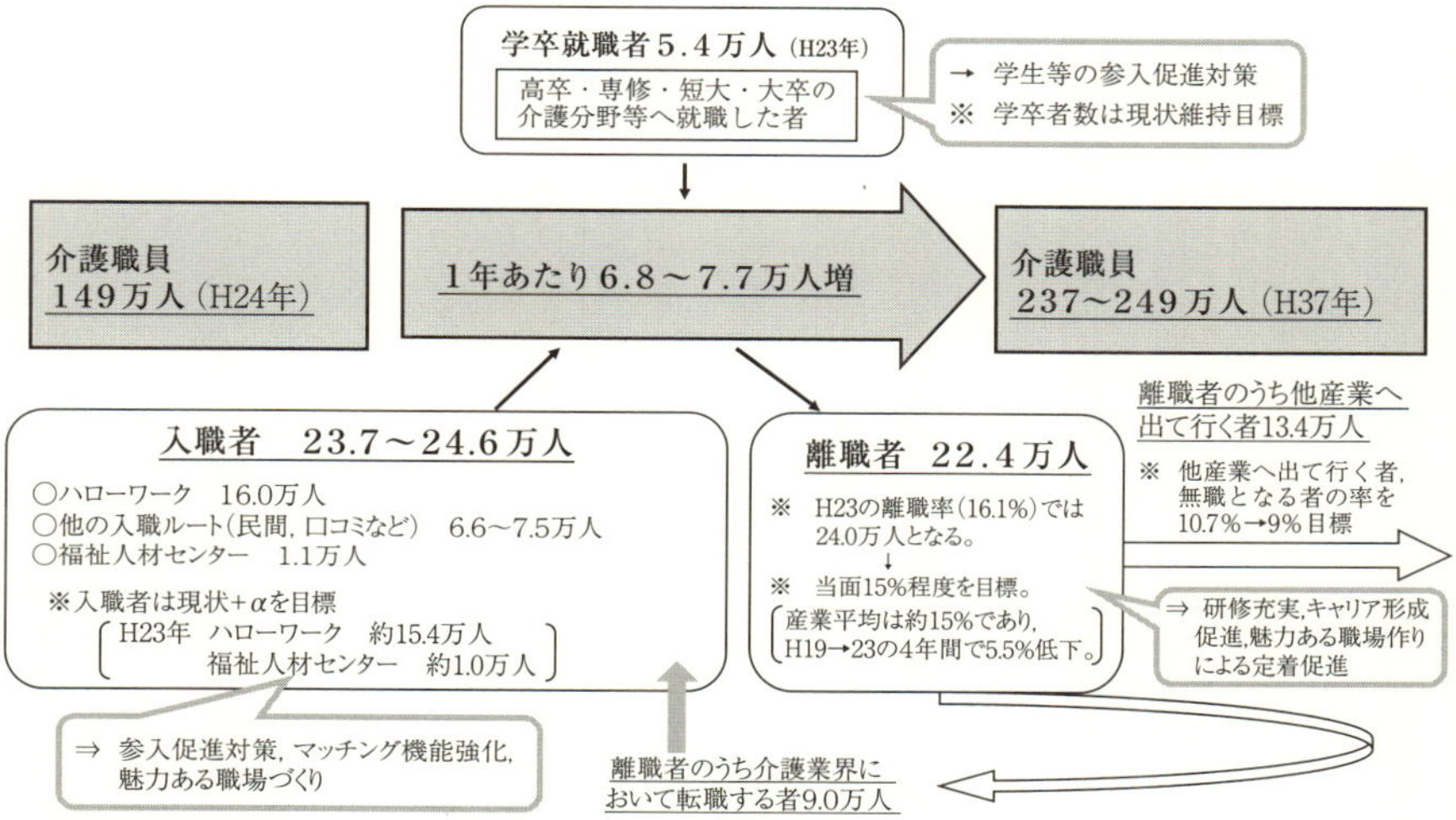

資料）社会保障審議会介護保険部会資料（第45回，2013年６月）
出所）労働政策研究・研修機構「介護人材需給構造の現状と課題―介護職の安定的な確保に向けて―」労働政策研究報告書，No.168，2014年，p.5

あるが、基本的な具体策は、労働条件（賃金・労働時間・労働環境）の改善とそれに伴う社会的地位の向上を図ることが重要課題となる。

以上のように介護関係職員の定着率、離職の理由、平均賃金等について検討したが、介護分野の有効求人倍率は一貫して上昇傾向にある。介護人材の不足問題は、介護労働の処遇改善にあるが、そのことが介護職の社会的地位向上と密接にかかわってくるのである。

５　介護人材確保対策

介護分野における介護職員は、二〇一二（平成二四）年度で約一四九万人であるが、団塊の世代がすべて七五歳以上になる二〇二五（平成三七）年には約二三七～二四九万人の介護職員が必要と推計されている。[6] 介護人材確保における当面の見通しについて、社会保障審議会介護保険部会（第四五回、二〇一三年六月）は、図表６－８のように介護人材確保について、具体的対策を提示している。

この図表6－8の問題点を指摘すると（1）学卒就職者五・四万人（平成二三年）が一年当たり六・八〜七・七万人増加するという希望的観測についてである。ここ数年介護福祉士養成の中核である介護養成専門学校の定員割れが生じていることである。なかには、廃科・廃校もみられるので、数字を達成することは困難が伴うと思われる。（2）入職者二三・七〜二四・六万人であるが、学卒就職者の確保が困難であるということと、ハローワークから一六・〇万人の入職者があるという前提であるが、この数字達成は困難といえる。何故ならば、景気が一時的に回復傾向にあるとき、処遇（賃金・労働時間・労働環境等）に恵まれない福祉職（介護職）に人材が流入する傾向は過去の実績から考えられない（有効求人倍率は全産業平均に対して高いが、応募者は少ない）。以上の理由から、同介護人材確保に関する見通しは困難を極めると判断せざるを得ないのである。

次に、こうした慢性的人材不足を改善するためのこれまでの介護報酬と介護人材確保対策の経緯について述べる。

介護報酬の改定は原則三年に一回となっているが、その経緯をみてみると、①二〇〇三（平成一五）年の全体の改定率は△二・三％（在宅＋〇・一％、施設△四・〇％）である。②二〇〇六（平成一八）年の全体の改定率は△〇・五％［△二・四％］（在宅平均△一％、施設平均±〇％［△四・〇％］）である。ただし［ ］は二〇〇五年一〇月改定分を含む数値である。③二〇〇九（平成二一）年の全体の改定率は＋三％（在宅一・七％、施設一・三％）である。

図表６－９　今後の介護人材キャリアパス

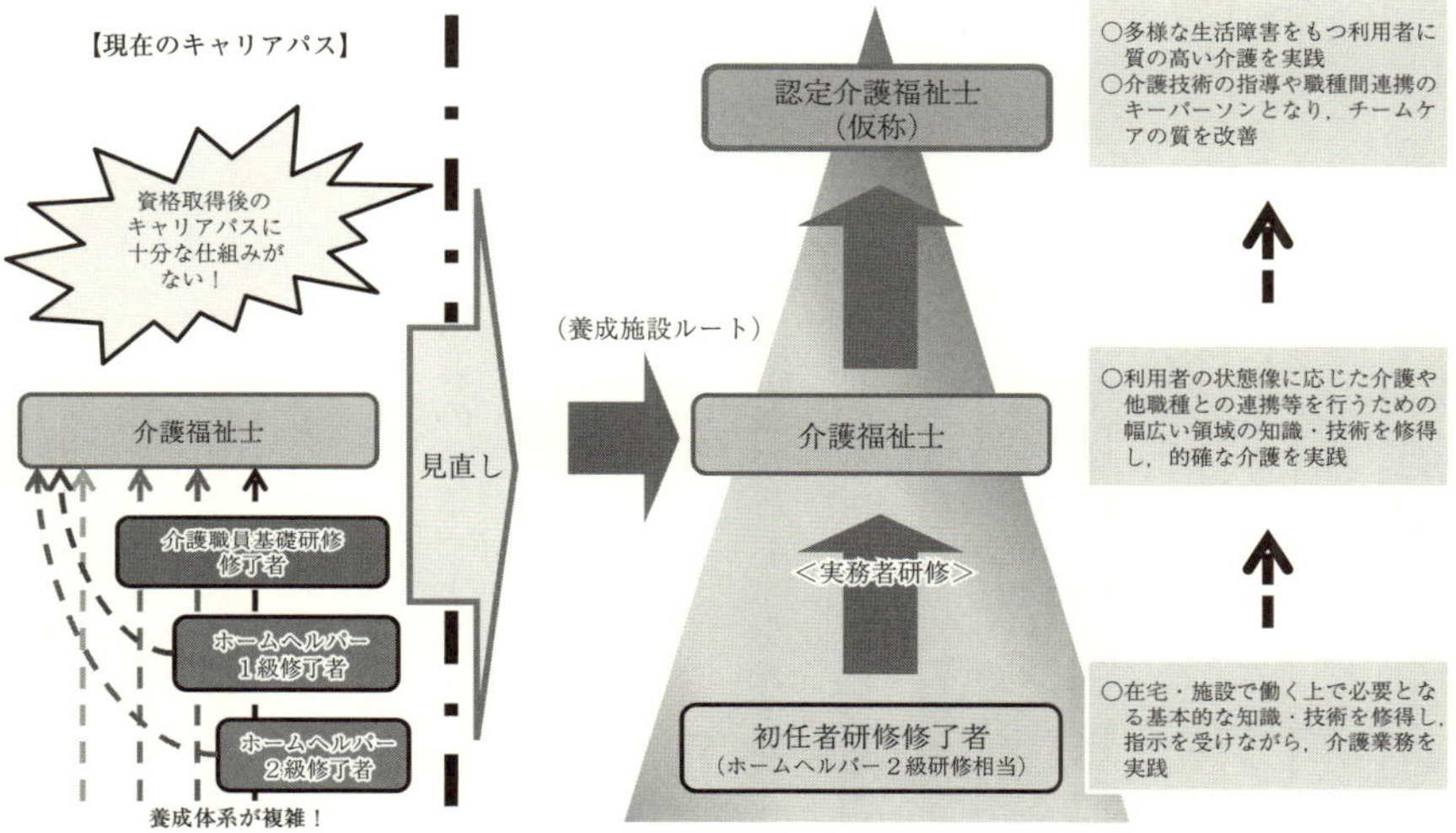

出所）今後の介護人材養成の在り方に関する検討会（厚生労働省）「今後の介護人材養成の在り方について（概要）」報告書，2011年，p.3

④二〇一二（平成二四）年の全体の改定率は＋一・二％（在宅＋一・〇％、＋施設〇・二％）である。⑤二〇一四（平成二六）年は全体の改定率が＋〇・〇三％である。

介護報酬の改定にあたって介護人材確保・処遇改善を主な視点とした法改正は、「介護従事者等の人材確保のための介護従事者等の処遇改善に関する法律」（二〇〇八年）である。この法律の制定により、二〇〇九（平成二一）年四月から介護報酬の引き上げとともに介護職員処遇改善交付金制度が創設された。

法改正以外の介護人材確保に関するものとして、（1）今後の介護人材養成の在り方に関する検討会報告書「今後の介護人材養成の在り方について（概要）」（二〇一一年）がある。

このなかで、介護人材キャリアパスとして、新たな介護人材の養成体系を図表6－9のように提示している。

この構想は、今後の介護人材を技術・知識に応じて三段階に分け、在宅・施設で働く上で必要となる基本的知識・技術を修得した初任者研修修了者を基礎資格とする。次に、利用者の状態像に応じた介護や他職種との連携等を行える幅広い知識・技術を修得した介護福祉士を中核に据える。

そして、認知症をはじめ多様な生活障害をもつ利用者に質の高い介護を実践し、介護従事者のキーパーソンとなる認定介護福祉士（仮称）を介護職のトップに据えるというものである。

次に、（2）介護人材確保地域戦略会議（第2回）の報告書「介護人材確保の基本的な考え方（案）―介護人材確保の総合的・計画的な推進について―」（二〇一五年）での介護人材確保の基本的な考え方は、①目標年次を二〇二五年と定め、都道府県ごとの需給推計に基づき、介護保険事業計画（三年一期）と連動した計画的な取り組みを推進する。②限られた人材を有効に活用するために、その能力や役割分担に応じた適切な人材の組み合わせや養成を進め、良質なチームケアを提供できる体制を構築する。③地域ごとに関係主体の連携・協働体制（協議会等）を構築し、地域の実情に応じた効果的な取り組みを推進する等となっている。このように各法律改正あるいは各報告書にて介護人材確保に関するプランの提示・提案がなされているが、各プランの計画倒れを防ぐためには、国・自治体（都道府県・市町村）・事業者（事業者団体）の連携・協働によるプランの実行が求められる。

6　デンマークの介護人材養成カリキュラム

デンマークの学校制度はすでに第4章で記述したが、ここではより詳しく述べることにする。（1）基礎教育として、①幼稚園クラス（就学前教育一年）と②国民学校（初等・前期中等教育九年）がある。国民学校の就学年齢は七歳である。なお、国民学校と同等の教育を行うことができる親あるいは保護者は子どもを国民学校において教育をうけさせなくともよいとなっている（「デンマーク憲法」第七六条）。

（2）後期中等教育は、①普通教育学校と②職業教育学校がある。普通教育学校には普通高等学校（一〇学年を修了している国民学校修了生を対象とする）と高等教育準備コース（HF）（成人を対象とする大学入学資格取得の為のコース）。職業教育学校には高等工業教育資格試験コース（HTX）・高等商業教育資格試験コース（HHX）と職業別専門学校等がある。

そして、（3）高等教育として、一四七九年に設立されたコペンハーゲン総合大学はじめ他の総合大学あるいは単科大学がある。[7] ケアスタッフを養成しているのが社会・健康スクール（Social-og sundheds skolerne 以下、SOSU）である。SOSU創設のきっかけは、「社会保健基礎教育法」（一九九〇年）の改正であった。この背景には、一九五八年以降デンマークではホームヘルパー制度の導入に伴って在宅介護（「家事援助」）を中心に介護サービスを展開してきた。しかし、高齢化率の上昇、女性の社会進出、高齢者福祉政策の基本理念である「高齢者福祉三原則」（一九八二年）の制定等の社会的環境の変化と介護サービスの質的変化（身体介護あるいは認知症介護の増加、高齢者の慢性疾患の増大等）による介護ニーズの増

図表６－10　デンマークの福祉・医療関係教育制度

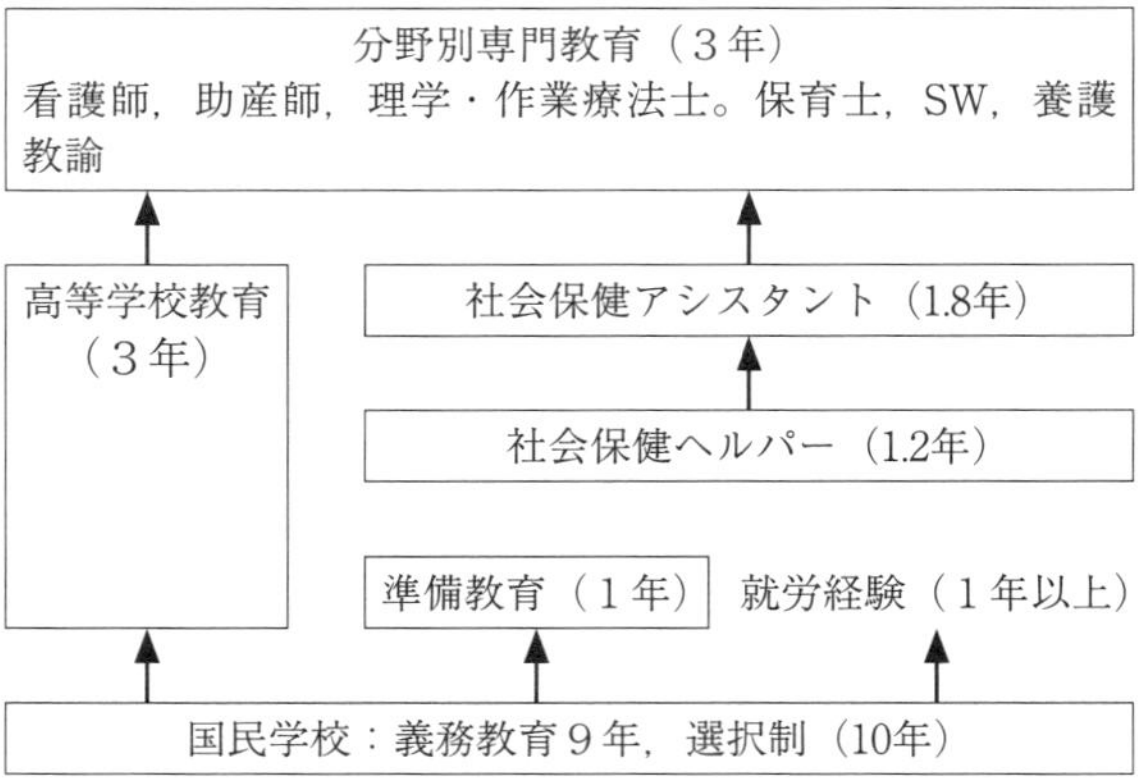

原典）Momoyo T. Jøgensen（日欧文化交流学院教員）
出所）「デンマークの認知症ケア動向　Ⅱ介護人材の育成」p.6

大に対応する必要性に迫られたのである。社会保健基礎教育法の改正により看護・介護の教育体系が統一され、社会保健ヘルパー（ＳＳＨ）と社会保健アシスタント（ＳＳＡ）の養成が始まった。現在ＳＯＳＵには一二種類の分野がある。

ここで、ＳＳＨとＳＳＡ養成コースの特徴について述べる。①入学年齢：国民学校（九年生、選択制一〇年生）を経て一八歳で入学する。ただし、一八歳に満たないものは一年間の準備教育をうける。また、社会人も就労経験一年以上となっている。②入学試験：原則書類審査のみで、各自治体が認めた者に対して入学許可をする。③学生給料支給：入学を許可された学生は自治体の職員となるため、一定の給料が年齢に応じて支給される。これは、他の職種についている人が介護職を目指して入学した場合、生活の保障をするために設けられている。この制度によって、現役の学生あるいは社会人学生の生活が確保されるため学業に専念できるというユニークなシステムである。④社会保健ヘルパーの養成期間は一年二か月で卒業後は、公務員として採用され、在宅ヘルパーあるいは施設ヘルパーとして就労する。一方、社会保健アシスタントは、医療行為（薬の調剤、褥瘡等の医療処置）が認められており、卒業後は公務員として採用され、在宅訪問介護、医療分野（総合病院）、高齢者センター、精神疾患病院等に就労する。⑤カリキュラムであるが、この両資格は多様化する介護ニーズに対応するため、医療と介護の連携・統合を教育体系としたものである。そのためカリキュラムにおいては、両者が統合された介護理論を構築している（この点が日本の介護福祉士のカリキュラムと異なっている）。また、同養成教育においては、実践教育を重視しているのが特徴である。

そこで、まず、SSHのカリキュラムを精査することにする。総時間数は一、六八〇時間となっている。一年二か月の学習プロセスをみると授業1（八週間）→実習1（一六週間）→授業2（一二週間）→実習2（一六週間）→授業3（四週間）→基本科目あるいは最終テスト、となっている（ただし、一週間は三〇時間）。

また、授業科目は一般科目と基本科目に分かれている。一般科目には「社会とヘルスケア」（六〇時間）、「看護」・「記録」（計一五〇時間）、「リハビリテーション」・「社会学」・「ヘルスケア実践」（計一〇五時間）、「心理学」・「コミュニケーション」（計七五時間）、「労働一般」・「人間工学」（計三〇時間）等がある。また、基本科目として、「デンマーク語」（一二〇時間）、「英語」（六〇時間）、「自然科学」（六〇時間）等がある。その他に「選択科目」（三〇時間）、「選択専門科目」（三〇時間）、「実習」（九六〇時間）の合計一、六八〇時間となっている[8]。

このSSHのカリキュラムから判明することは、①授業科目において看護、リハビリテーション、心理学、労働一般、人間工学など自然科学、人文科学、社会科学と人間に関するすべての科目を網羅していること、②実習に多数の時間を割いていることである。

この開講科目から医療と介護の統合した介護専門職であるということを体現化していることがわかる。

次にSSAの開講科目についてみる。

一般科目は「看護」（一五〇時間）、「細胞病理学」・「薬学」（計一二〇時間）、「生理学」・「質の保証」・「記録」（計九〇時間）、「病気予防」・「リハビリテーション」（計九〇時間）、「健康教育」・「コミュニケーション」等（計九〇時間）となっている。また、基本科目として、「デンマーク語」（六〇時間）、「自然科学」（一二〇時間）、「英語」（六〇時間）、その他「選択科目」（三〇時間）、「選択専門科目」（六〇時間）等を開講している。「実習」（一、三五〇時間）を加え、合計二、二二〇時間となっている。[9] SSAの開講科目をみた場合、卒業後の進路を考慮して、①医療、薬学、看護等医系の科目に多くの時間を費やしているのが最大の特徴である。また、②SSA同様、実習時間に多数の時間を費やしている。③社会人学生の多くは海外からの移住者が多いため、SSH同様、英語とデンマーク語に多くの時間を費やしている。特にデンマーク語は日常会話であるが習得に時間を要する為、時間をかけて三年間でマスターできるよう配慮されている。

以上、SSHとSSAのカリキュラムについて検証してきたが、SSAの課程を修了した者のうち進学希望者は後期高等教育として位置づけられている看護師、ソーシャルワーカー、国民学校教師、助産師等の課程（三年）に進学することができる。

これまで、ＳＳＨ並びにＳＳＡの養成課程について検証してきたが、課題も明らかになってきた。それは、①雇用条件が恵まれているため、海外からの移民社会人入学生が多数在籍するが、彼らにとって最大の課題はデンマーク語の習得である。ＳＳＨ、ＳＳＡの三年間を通じてデンマーク語の科目が設けられ多数の時間が用意されているが、習得できず退学する者がみられる。②今後、ＳＳＨ並びにＳＳＡの職域分野の多様化、多種化に伴う知識・技能の向上の必要性。③各ＳＯＳＵ校との連携・提携によって情報を刷新し、友好的関係を構築する。④途中退学者を防止する為、カリキュラム等の見直し、などが課題としてあげられている。

こうした背景のもと、二〇一五年度から次のようなＳＯＳＵ改革が行われた。

（１）改革による２大変更点

①新たな基本コースと入学条件の導入。

②学生として雇用される者は研修生として採用し、その後、評価をうけたのち自治体職員として採用する。また、ＳＯＳＵのカリキュラムは学生の学習向上のためのものとする。

（２）政府の意向

①より多くの学生は、国民学校九年生あるいは一〇年生直後に社会・健康スクール（ＳＯＳＵ）を選択する必要がある。

②職業訓練は必ず完了する必要がある。

③彼等は熟練者になれるよう職業訓練に挑戦しなくてはならない。
④職業専門学校において自信と達成感が満たされなければならない。

（3）具体的なSOSU改革の取り組み

①青年にとって魅力的な環境の構築。
②よりシンプルな学校システム、カリキュラム等の推進。
③よりよい訓練機会の提供。
④手動作業に焦点を合わせる。
⑤入学条件のクリアー化。
⑥よりよい教育の推進。
⑦継続的なインターンシップ。
⑧新しい複合的な中等教育の実施。
⑨社会人学生のための新しいトレーニングの導入。

（4）SOSU進学に際する分野の選択について

これまで、学生は一二分野から選択していたが、今後は四分野（①分野：ケア、健康と教育、②分野：オフィス、商業とビジネス、③分野：食糧、農業、経験、④分野：エンジニアリング、建設、輸送）から選択する。

（5）入試改革

①国民学校で必ずデンマーク語と数学に合格することが条件である。

図表6－11　デンマークの地域包括ケアシステムの一例（コミューンが基本的責任）

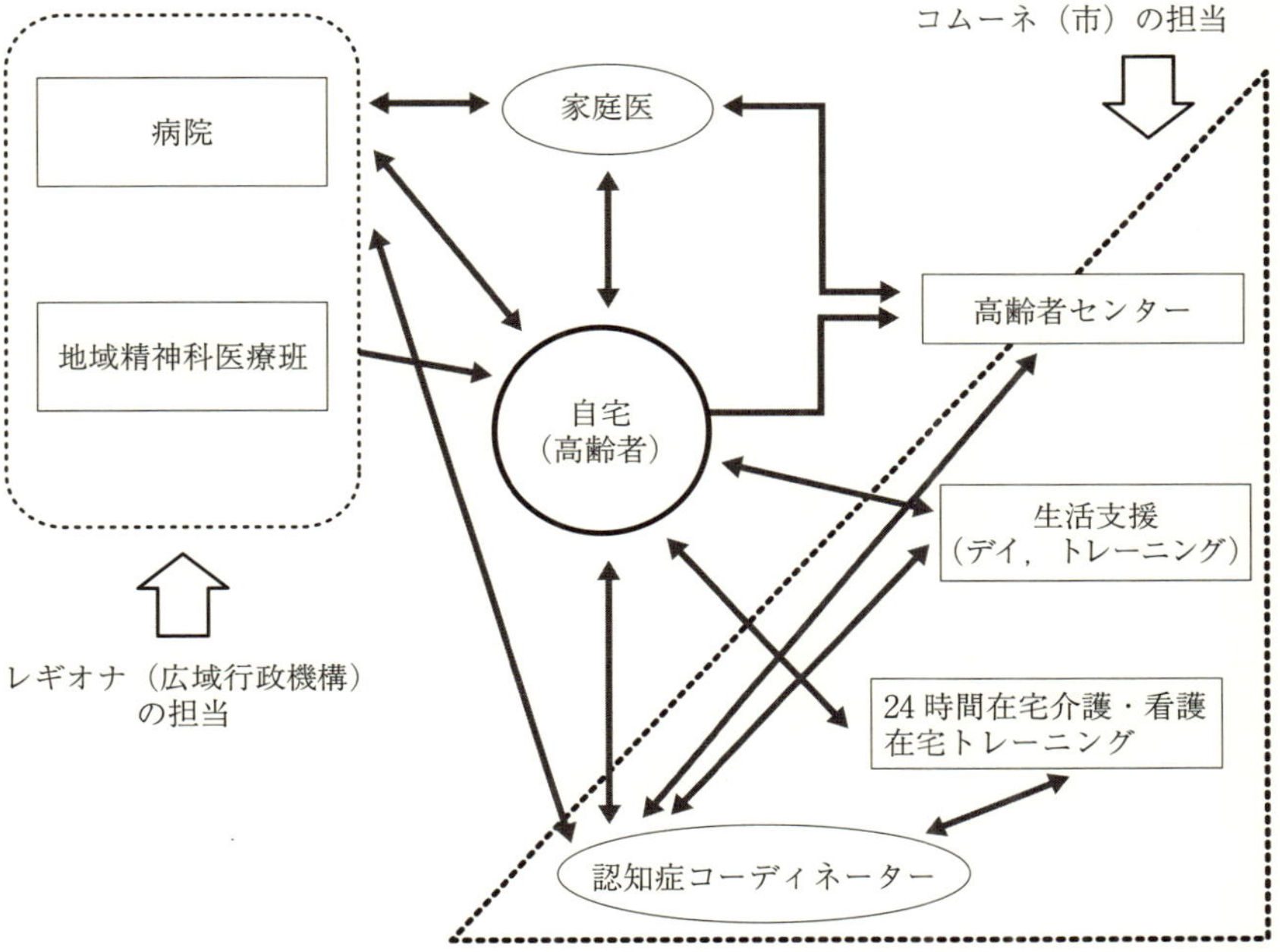

出所）2013年11月18日「デンマーク高齢者住宅視察」（主催：高齢者住宅財団）における日欧文化交流学院長・銭本隆行氏のレクチャー（資料）を参照して作成

②国民学校から直接入学する学生は、新しい基本コース（「開発と幸福」「健康的な生活とライフスタイル」：二週間）に属し、基本コースを履修後メインコースに進む。なお、社会人は直接メインコースに属する。

現在、SSHとSSAは、自治体の在宅介護のヘルパーとしてあるいは病院等のアシスタントとして、地域包括ケアシステム（図表6－11参照）の中核を担っているのである。

(6) SOSU・ネストヴェズ校のSSH、SSAの新プログラム（二〇一五年）では、SSHの総授業時間数が五六週（一、六八〇時間）から六二週（一、八六〇時間）へ一八〇時間プラスとなっている。一方、SSAは、七七週（二、三一〇時間）から六五週（一、九五〇時間）へと逆に三六〇時間マイナスとなっている[10]。

いずれにせよ、今回のSOSUの改革によって、諸課題解決への施策が講じられたのである。

7 フィンランドの介護人材養成

厚生労働省は「介護・福祉サービス・人材の融合チーム」（以下、チーム）を二〇一五年四月一四日に立ち上げた。

この背景にあるのは、①二〇二五年問題（団塊の世代がすべて七五歳以上になる）、②介護・保育分野における人材不足である。

そこで、都市部における介護ニーズの増大に対処する介護・福祉職の大幅な人手不足、地方・山間部における人口減・人材減による介護・福祉サービスの枯渇の状況が予測されるなか、①介護・保育分野の人材不足、②高齢者介護・保育・障害者向け施設の統合と資格の一本化、③専門職間の労働力流動化、④地域包括ケアシステムを支える万能な人材の育成等を図るため創設されたのである。

しかし、そこには多くの課題が山積している。具体的には、①対象が幼児と高齢者あるいは障害児（者）となるが、スキルが広範囲に及ぶことで、充分な対処ができないのではないか、②保育と介護の人材不足を補うためだけの資格であるならば、あまりにも安易ではないか、③保育・介護共に一般企業と比較した場合、賃金・労働条件ともに劣悪であるため、希望者が少なく、離職者が多いのであるが、待遇面での改善は同時に進められるのか、④同資格はフィンランドのラヒホイタヤ（lähihoitaja：社会・保健医療ケア共通資格）を参考にしているが、准看護師であるため、社会的評価はあまり高くはない。現在、厚生労働省が試案している介護・保育分野の統合資格では社会的地位も明らかとなっていない。

ここで、フィンランドの介護人材の中核であるラヒホイタヤについて述べる。

まず、ラヒホイタヤ資格とは何かということである。同資格の前身は一〇資格である。まず、保健医療部門では、①准看護師（perushoitaja）、②精神障害看護助手（mielenterveys-hoitaja）、③歯科助手（hammashoitaja）、④保母／保育士（lastenhoitaja）、⑤ペディケア士（jalkojenhoitaja）、⑥リハビリ助手（kuntohoitaja）、⑦救急救命士―救急運転手（lääkintävah-timestari－sairaankuljettaja）の七種類。一方、社会サービス部門では、①知的障害福祉士（kehitysvammaistenhoitaja）、②ホームヘルパー（kodinhoitaja）、日中保育士（päivähoitaja）の三種類となっているが、トータル一〇種類の資格が統合されたのがラヒホイタヤである。

次に、導入の背景であるが、①フィンランドの高齢福祉政策が施設ケアから在宅ケアへの政策転換に伴い、社会サービス分野と保健医療サービス分野におけるケアの共通基礎資格への一本化が求められたこと、②ケアサービスにおける基礎資格の統合化が求められたこと、③労働力流動化政策のもとで、労働市場を移行することができること、④同じ介護者が同じ高齢者をケアできること、⑤他領域の職場への移動が可能になること、などを指摘することができる。

図表６－12　ラヒホイタヤ資格教育の基本カリキュラム（2010年以降）

［一般教養］　30単位　※１単位＝40時間
共通コア科目　20単位（必修16単位，選択４単位）
自由課題　　　10単位（うち学習指導1.5単位）

［職業資格教育部分］　90単位（現場実習29単位，起業科目５単位，卒業課題２単位を含む）

■共通職業資格教育　50単位（必修）
「発達の支援と指導」 15単位
「看護と介護」 20単位
「リハビリテーション支援」 15単位

■専門職業教育　各30単位（９つの課程からひとつ必修）
「顧客サービス・情報管理」

「救急ケア」

「リハビリテーション」

「児童・青少年むけケア・養育」

「精神保健および薬物依存への福祉対応」

「看護及び介護」

「口腔・歯科衛生」

「障害者ケア」

「高齢者ケア」

■追加的職業資格教育　10単位（以下のコースから選択）
「社会・保健医療ケア基礎資格教育からの単位所得コース」（10単位）
「他の職業基礎資格教育からの単位取得コース」（５～10単位）
「職業資格」からの単位取得コース（※）
「特別職業資格」からの単位取得コース（※）
※基礎資格取得者が特別選択教育によって得られる専門資格（例えば，ペディケア，知的障害者分野，解剖助手，児童・青少年特別指導員等）

出所）森川美絵「地域包括ケアシステムに必要とされる人材の考え方―フィンランドの社会・保健医療ケア共通基礎資格ラヒホイタヤを手がかりに―」『保健医療科学』Vol.61，No.2，2012年，p.133，一部修正

ラヒホイタヤの養成が始まったのは、一九九三年であるが、資格取得ルートは①基礎教育（小・中）修了者、②中等教育課程（高等学校に相当）の修了者となっている。

養成期間は三年間で、中等職業訓練校で養成教育をうける。

取得修得単位は一二〇単位（一単位＝四〇時間：そのうち二九単位＝一、一六〇時間の現場実習あり）となっている。なお、三年間のカリキュラムの概要は図表6－12の通りである。このカリキュラムは、柔軟でより深遠な知識を具備したラヒホイタヤを養成するため、

二〇一〇年以降新たに改正されたもので、主な変更点は、①民営のケア事業者の増加に伴い、一般教養以外の九〇単位の学習（共通職業教育＋特別選択教育）に含めるべき内容に五単位の起業科目が新たに追加された。②専門職業教育（専修過程）を従来の四〇単位から三〇単位に短縮し、一〇単位を「特別選択教育」のなかから取得するようにした（より高度な専門資格に必要な単位を一〇単位分、特別選択教育において取得可能となった）。その結果、基礎資格教育期間中に、その後の専門的な技能資格取得への機会を開く仕組みとなり、「より柔軟なキャリア・アップの教育資格ルート」となったのである。[11]

また、一般教養における開講科目（必修）をみると「フィンランド語」「外国語」「数学」「物理」「化学」「社会」「起業1」「労働生活」「体育」「保健」「芸術」「文化」があり、また、開講科目（必修）では「環境」「情報」「コミュニケーション」「倫理」「文化を知る」「心理学」「起業活動」等が開講されている。また、共通職業資格教育においては、「看護と介護」「リハビリテーション」「成長と養育」等が開講されている。デンマークのSSH並びにSSAとラヒホイタヤでは、入学年齢が異なるが、開講されている科目は、人間に関する基礎教養・専門知識を構築する自然・人文・社会科学分野がすべて網羅されているのである。ただ、一点異なるのはラヒホイタヤのカリキュラムにおいて起業科目が含まれていることである。この理由は、フィンランドにおいて、従来、公的に実施されていたケアサービスが地方自治体の財政的逼迫もあり、民間の事業体に移行し、起業としてとらえる必要性に迫られたからである。

中等職業訓練校にて養成されるラヒホイタヤは八つの分野のひとつである。八つの分野とは、①人間と教育、②文化、③社会科学・ビジネス・経営管理、④自然科学、⑤テクノロジー・コミュニケーション・運輸、⑥自然と環境、⑦社会サービス・健康・スポーツ、⑧旅行・調理・家事サービス等[12]となっており、デンマークのSOSUと分野の領域が非常に類似している。このうちラヒホイタヤは、⑦の領域で資格を得ることができるが、デンマーク同様フィンランドも国民学校あるいは基礎教育修了後、高等学校あるいは職業学校に進学する者の割合がほぼ同数であり、大学への途も複線化（両国ともに職業教育修了者に対しても進学の途を開いている）している。また、賃金においても学歴より、資格によって決まる傾向があり、いわゆる、日本のように「学歴重視社会」ではなく、「資格重視社会」であることがわかる。

なお、ラヒホイタヤの資格取得者の職場は、高齢者の在宅・施設サービス、児童の保育、各種の病院、保健医療社会サービス、障害者サービス等となっている。

元来、ラヒホイタヤは社会サービスと保健医療サービスの統合から生まれた資格である。そのため、フィンランドでも地域包括ケアの中核としての役割が期待されている。しかし、課題もみえてきている。①養成課程における退学者の問題である。この問題に関して、デンマークでは移民の語学習得（特に生活用語である「デンマーク語」）に問題が生じているが、フィンランドにおいても移民学生の語学習得（「フィンランド語」）に問題が生じている。②ラヒホイタヤの若者の入学者の割合が、年々減少している（この問題は、同国においても以前から介護従事者に対する社会的評価が低いことも要因のひとつと考えられる)。③ラヒホイタヤはある意味において、ケアの領域におけるオールマイティとして存在している。しかし、その知識並びに技術評価は決して高いものではない。④職場、特に病院においては、我が国でも生じている問題であるが、看護師との関係である。ともすれば、医療機関において、介護従事者は職務的・賃金面において恵まれた待遇ではない。今後、医師、看護師との関係性を如何に整理するかが問題である。以上の諸課題をラヒホイタヤは有しているが、評価は揺るぎないものであると確信する。

8　地域包括ケアシステムと介護人材養成のあり方への示唆

地域包括ケアシステムは、住み慣れた地域で生活する高齢者、虚弱者、障害児(者)の日常生活の継続を支援するのが目的である。

その為には、医療・介護のスキルを修得したケアワーカーが必要となる。現在、施設・在宅の介護を担っているのは、介護福祉士あるいはホームヘルパーである。

しかし、厚生労働省は二〇一五年六月二四日「団塊の世代」がすべて七五歳以上になる二〇二五年度に介護職員が約三八万人不足する恐れがあるとの推計を公表した(『朝日新聞』二〇一五年六月二五日付)。介護職員の不足の原因は、低賃金、重労働、社会的評価等であるが、この点の改善は依然として進展していないのである。

ところで、世界の先進諸国において、社会保障・社会福祉の共通課題は人口の高齢化と

図表６－13　SSH，SSA，介護福祉士，ラヒホイタヤの比較

	SSH	SSA	介護福祉士	ラヒホイタヤ
入学年齢（歳）	18	SSH 修了	18（高卒）	16（中卒）
入　試	無	無	有	無
養成期間	1.2年	1.8年	２年	３年
授業時間（時間）	1,680	2,310	1,800	4,800
授業料	無	無	有	無
就職先	公	公	私・公	公・私
給与（在学中）	有	有	無	無

注）公は自治体，民は民間事業者，給与はデンマークでSSHあるいはSSAとしてのコースを選択して入学した場合，自治体職員として登録され給与が支給される（ただし，2015年度より，当初は研修生として処遇されることとなった）。

合計特殊出生率低下の深刻化であり、介護・年金・医療等の問題として顕在化している。

特にサブプライムローンに端を発した投資銀行リーマン・ブラザーズの破綻による世界的金融危機（いわゆる、リーマン・ショック）による世界経済の不況のもとで、各国の高齢者サービスが財政的制約をうけることとなった。そのため、北欧の福祉国家も財政的危機に見舞われた。その公的機関の財政負担を軽減するため、民間事業者のサービスを導入することになった。こうした状況下で、各国においてサービスの形態を施設から在宅へシフトする政策が実施された。その中核が地域包括ケアセンター構想である。

ただし、地域包括ケアを実現するためには介護・医療・予防・住まい・生活支援の五つの項目の取り組みが必要である。具体的には、①医療との連携、②介護サービスの充実強化、③予防の推進、④見守り、配食、買い物、⑤高齢期においても住まうことのできるバリアフリーの高齢者住宅の整備等である。この地域包括ケアサービスを提供するのが医療・看護・介護である。なかでも介護の担い手である介護福祉士は、質的・

量的に介護サービスを提供する扇の要となっている。

ここで、ケアワーカーとして各現場で活躍している介護福祉士とＳＳＨ、ＳＳＡ、ラヒホイタヤの基本的条件と開講科目等について検討する。

まず、基本的条件であるが、図表６－13はＳＳＨ、ＳＳＡ、介護福祉士（二年養成）、ラヒホイタヤの入学年齢、入試、養成期間、授業時間数、授業料、就職先、給与について比較したものである。介護福祉士と他の資格を比較して明らかなのは、①養成において授業時間数が少ない、②他の資格は入試がない、③他の資格は養成期間中授業料がいらない、④他の資格養成施設は公的施設（自治体）である、⑤ＳＳＨ、ＳＳＡは試用期間を除いて自治体職員に登録された時点から年齢に応じて給与が支払われる、等である。

次に科目であるが、ＳＳＨ、ＳＳＡの開講科目には、医療系科目である「看護」「リハビリテーション」「ヘルスケア実践」「細胞病理学」「薬学」「生理学」等が開講されている。また、ラヒホイタヤにおいても「看護と介護」「口腔・歯科衛生」「リハビリテーション」「精神保健及び薬物依存への福祉対応」（図表６－12参照）等が開講されている。これに対し、介護福祉士は独自に医療行為（喀痰吸引等許可）が、業務上許可されていないため医療系科目が開講されていないのである。しかしながら、要介護者、障害（児）者等のケアサービスにおいて、医療（看護）行為は必然的なものである。

地域包括ケアサービスは社会的サービス分野と保健医療サービス分野を包含したものである。故に、医療行為が実施できない介護サービスは、ニーズの低下につながるとともに

図表６－14　社会介護保健師の職位

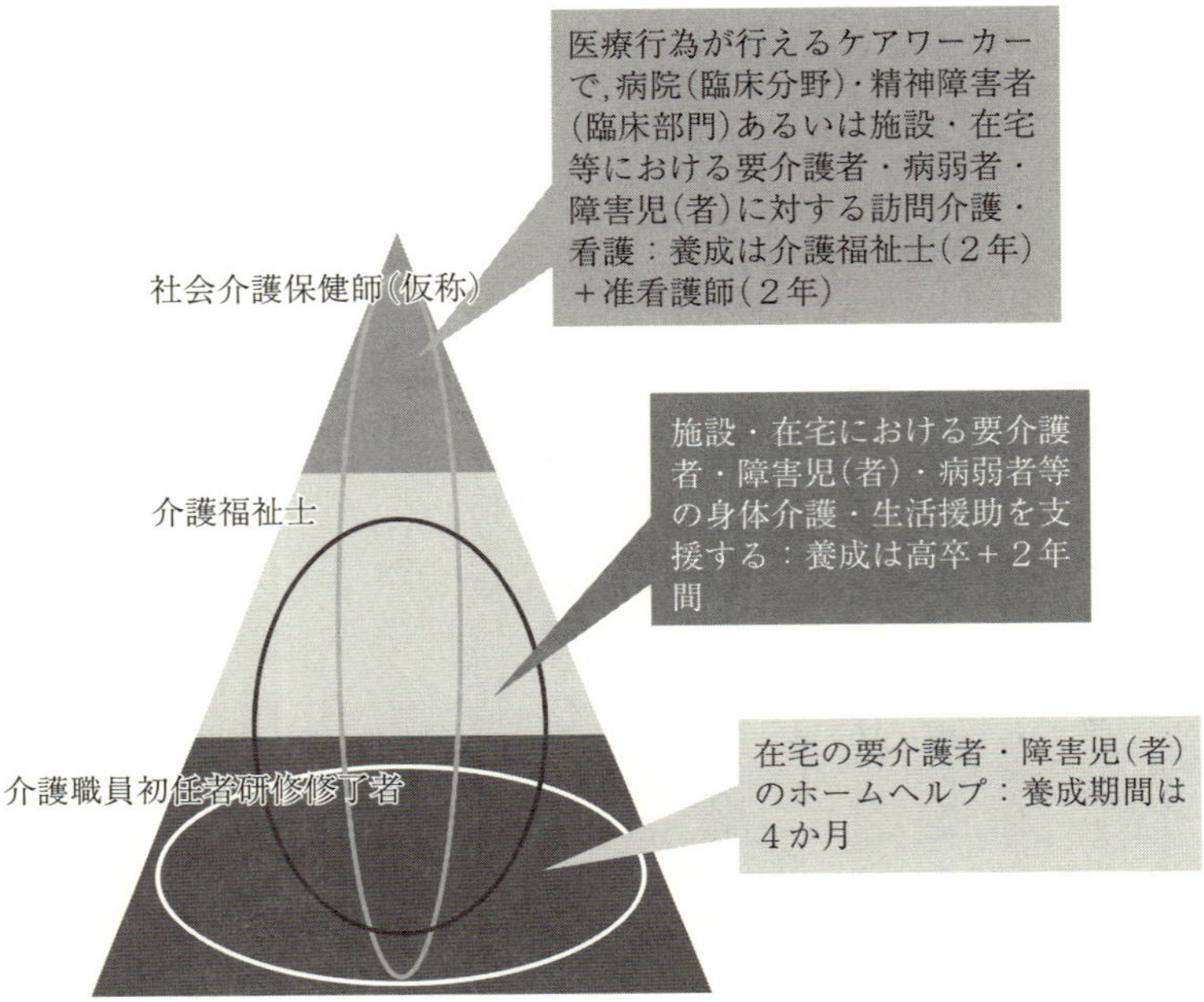

必要度が低下するのである。すなわち、利用者にとってサービス提供者が異なれば、精神的・心理的に不安定に陥ることもある。医療行為を包括したケアサービスを同一人物で提供できることは、利用者の精神的安心に寄与すると同時に効果的、効率的サービスにつながるのである。

これまでデンマークのＳＳＨ、ＳＳＡ並びにフィンランドのラヒホイタヤの介護人材養成について詳述してきたが、いずれも地域包括ケアの理念のもとで、ホームヘルパーと看護を統合した専門職として児童から高齢者に対するケアを遂行している。しかし、日本の介護福祉士は一部の医療行為以外医療行為は禁止されており、ＳＳＨやＳＳＡあるいはラヒホイタヤに比較して医療行為の領域が少ない「専門職」として、存在している。

そこで、現場のニーズに適応できる介護福祉士にとって、どのような養成プランが必要であ

図表６－15　介護福祉士養成施設と准看護師養成施設の関係

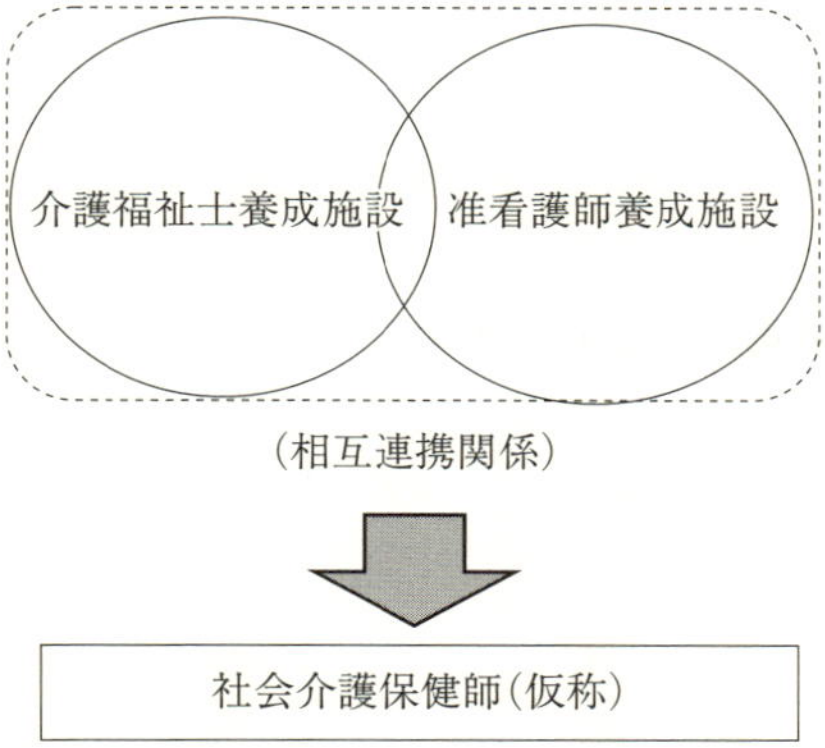

るかを考察する。これまで、地域包括ケアを前提としたあるいは介護の人材の質的向上を目指したプランとして、「コミュニティ・ナース」（金井一薫）と「療養生活支援介護師」（筒井澄栄・石川彪）等をあげることができる。この二つのプランは一考に値すると筆者は考える。[13]

しかしながら、筆者が考えるのは現在の介護福祉士の資格を生かしながら新たな資格を構築することにある。

すなわち、現行の介護福祉士の教育内容は現状維持とし、その上に准看護師の教育内容を上乗せするプランである。なお、介護福祉士の下位には介護職員初任者研修修了者を設定する（図表６－14参照）。

このプランは、介護人材養成において現行の養成システムを利用した非常にシンプルなもので且つ経済的、効率的なプランである。

社会介護保健師（仮称）の養成プロセスは次のようになる。まず、介護職員初任者研修（ホームヘルパー二級）は主として民間事業者が実施しており、四か月程度の講習・テストを合格して得る資格であり、初級ヘルパーである。つづいて介護福祉士資格を二年間の養成課程にて取得する。ここまでは従来の養成内容であるが、保健医療サービスに対応できる「社会介護保健師」（仮称）資格を

図表6－16　准看護師養成カリキュラム

教育内容		時間数		
		講義	実習	計
基礎科目	国語	35		35
	外国語	35		35
	その他	35		35
専門基礎科目	人体の仕組みと働き	105		105
	食生活と栄養	35		35
	薬物と看護	35		35
	疾病の成り立ち	70		70
	感染と予防	35		35
	看護と倫理	35		35
	患者の心理	35		35
	保健医療福祉の仕組み 看護と法律	35		35
専門科目	基礎看護学	315		315
	看護概論	35		35
	基礎看護技術	210		210
	臨床看護概論	70		70
	成人看護 老年看護	210		210
	母子看護	70		70
	精神看護	70		70
	臨地実習		735	735
	基礎看護		210	210
	成人看護 　老年看護		385	385
	母子看護		70	70
	精神看護		70	70
合計		1,155	735	1,890

備考）演習及び校内実習は講義に含まれる。

出所）文部科学省・厚生労働省令第２号「保健師助産師看護師学校養成所指定規則」p.8

新たに設ける。資格取得方法は、①介護福祉士の資格を有する者が、准看護師養成施設にて二年間の養成教育を経て国家試験を受験し、准看護師の国家資格を取得した者が社会介護保健師となる。②准看護師資格を有する者が介護福祉士養成施設にて二年間の養成教育を経て国家試験を受験し、介護福祉士の資格を取得した者が、社会介護保健師となる。なお、同資格取得を得るため一定の条件を課することにする。それは、①高等学校を卒業後、社会介護保健師資格を取得するためには四年間の養成期間を必要とする。②介護福祉士と准看護師の養成課程を修了した社会介護保健師の職位は、業務・名称独占の国家資格とし、看護師と同等の資格・地位を有するものとする。③授業時間数は介護福祉士（二年課程）一、八〇〇時間、准看護師一、八九〇時間（図表6－16参照）、合計三、六九〇時間とする。④質の高い有資格者を養成するため、介護福祉士と准看護師の入学試験は別建てとする。⑤実習を重視し、実践力を具備した社会介護保健師を養成する。

介護知識・技術と医療知識・技術を修得することによって従来分離していた看護領域と介護領域を統合・融合した社会介護保健師は、社会サービス部門と保健医療サービス部門を統合した専門職で地域包括支援ケアサービスの中核として地域社会で生活する高齢者・障害児（者）・病弱者の多様化・重層化した諸ニーズ（医療的ケアと社会的ケアの融合）を支援することが可能となるであろう。

図表6－16は准看護師養成カリキュラムである。なお、二年課程の介護福祉士養成カリ

キュラムは図表5－8（第5章参照）の通りである。

注

（1）堀田聡子「地域包括ケアとまちづくり」無料シンポジウム（東京、仙台、大阪、福岡、岩手（宮古）：二〇一三年七月二九、三〇日、八月一、二日）の報告、四ページより

（2）地域包括ケア研究会「地域包括ケア研究会　報告書―今後の検討のための論点整理」（二〇〇八年度老人保健健康増進等事業）六ページ

（3）仲村優一・一番ケ瀬康子『世界の社会福祉―スウェーデン、フィンランド』旬報社、一九九八年、四〇五ページ

（4）笹谷春美『フィンランドの高齢者ケア―介護者支援・人材養成の理念とスキル』明石書店、二〇一三年、九二ページ

（5）『国民の福祉と介護の動向（二〇一四／二〇一五年版）』厚生労働統計協会、二〇一四年、一六一ページ

（6）同前、二四一ページ

（7）仲村優一・一番ケ瀬康子『世界の社会福祉―デンマーク・ノルウェー』旬報社、一九九九年、一九七－二〇二ページ

（8）成清美治「デンマークのケアスタッフ養成教育に関する現状と課題―我が国のケアスタッフ養成への影響と新たな介護福祉士教育課程の構築」『神戸親和女子大学大学院研究紀要』第一一巻、二〇一五年、五七－六八ページ

（9）同前、六一ページ

（10）http://www.sosusjaelland.dk/eud-reform/om-eud-reformen　二〇一五年四月二四日閲覧

（11）筒井孝子「介護人材における実践キャリア・アップ制度構築のための基本的な考え方（資料）」実

践キャリア・アップ制度　介護人材WG第二回委員会、二〇一二年一二月二〇日、一八ページ
(12) 前掲書（4）一六八ページ
(13) コミュニティ・ナース並びに療養生活支援介護師（仮称）に関する評価は拙論「デンマークのケアスタッフ養成教育に関する現状と課題」『神戸親和女子大学大学院研究紀要』第一一巻、五七－六八ページ

参考文献

堀田聡子「ケア従事者確保に向けた諸課題―オランダの経験から」『季刊・社会保障研究』Vol.47、№4
地域包括ケア研究会・三菱UFJリサーチ&コンサルティング「持続可能な介護保険制度及び地域包括ケアシステムのあり方に関する調査研究事業報告書―概要版」二〇一三年三月
ヨルマ・シピラ編著、日野秀逸訳『社会ケアサービス―スカンジナビア福祉モデルを解く鍵』本の泉社、二〇〇三年
筒井孝子「介護人材における実践キャリア・アップ制度構築のための基本的な考え方」実践キャリア・アップ制度、介護人材WG第二回員会、二〇一二年一二月二〇日
成清美治『新・ケアワーク論』学文社、二〇〇三年
成清美治『ケアワーク入門』学文社、二〇〇九年
筒井澄栄・石川彪「ドイツ連邦共和国、デンマーク王国における介護職員養成」『海外社会保障研究』Autumn、二〇一〇年、№172、五七ページ

※第6章は、拙論「地域包括ケアと介護人材の養成―デンマークとフィンランドを参考にして」『神戸親和女子大学大学院研究紀要』第一二巻、二〇一六年、三五－四九ページを加筆・訂正したものである。

第7章

介護福祉士の専門職化と養成上の課題

1　社会福祉専門職確立への系譜

第1章から第6章まで、デンマークの民主主義思想の構築、スカンジナビアモデルの構築、高齢者福祉並びに同国と海外の介護人材養成（SSH、SSA、AP、ラヒホイタヤ等）、SOSUのケアスタッフの養成、地域包括ケアシステムと介護人材の養成等について述べてきたが、この章では介護福祉士の「質」の確保を規定する具体的内容（専門職、専門職性、専門職制度）等について述べることにする。

介護職の国家資格である介護福祉士が誕生したのは、一九八七（昭和六二）年の「社会福祉士並びに介護福祉士法」の成立によってである。この法律の成立によって、介護職が国家資格として認定された。

ただ、当時の高齢化社会という状況から社会福祉士より、介護福祉士の誕生に力点が置かれたのは周知の通りである。

ところで、戦前の我が国の社会福祉関係の主たる専門職の系譜を辿ると、一九〇八（明治四一）年に内務省の第一回感化救済事業講習会が東京市にて開催されたのが専門職に関する社会事業教育の始まりである。その後、一九一九（大正八）年に「感化救済事業職員養成規定」が公布され、武蔵野学院に感化救済事業職員養成所（後、社会事業職員養成所）

が設置された。そして、一九二五（大正一四）年に「地方社会事業職員制度」が公布され道府県に社会事業主事六一人以内、社会事業主事補二五三人以内の配置が義務化された。また、一九三六（昭和一一）年、方面委員令公布により、道府県に方面委員が設置された。

戦後、最初の社会福祉専門職として登場したのが保母（現在の保育士である）である。同資格は、一九四八（昭和二三）年の児童福祉法施行令により、保母を「児童福祉施設において児童の保育に従事する女子」と規定された。ただ、当時は保育に従事する者は女子と限られていたので、現在のように男性保育者は存在しなかった。しかし、一九七七（昭和五二）年三月から男性にも門戸が開かれた。そして、一九九八（平成一〇）年の児童福祉法施行令の改正により、一九九九（平成一一）年より、男女共通資格として、保育士が誕生したのである。

資格取得者は、厚生労働大臣の指定する保育士養成学校を卒業した者、または、都道府県知事が行う保育士試験に合格した者である。その後、保育士は「幼保連携型認定こども園」の登場によって、同園に勤務する職員は、保育教諭（幼稚園教諭普通免許状＋保育士資格）を有することが条件となった。

このように社会福祉の専門職である保育士は児童を取り囲む社会的条件の変化（就労する女性の増加、核家族による家族形態の変化、家庭内保育力の低下、社会環境の変化等）により他職種とのコラボレーション（連携・協働）の要としてますます重要な職種となった。また、二〇一五年四月厚生労働省は、少子高齢化と人口減による介護・保育従事者の人材不足に対応する為、フィンランドのラヒホイタヤ（lähihoitaja：社会・保健医療ケア共通資格）を参考に介護福祉士と保育士の資格を統合した新たな資格を計画している。この資格創設の目的は子育てから介護まで幅広い分野で従事できる職員を養成することにある。しかしながらこの資格創設は、単に保育や介護分野での職員の人材不足を補うための、付け焼き刃の観を免れないのである。両資格者の人材不足の主原因は、両資格者に対する処遇問題の存在である。

次に保育士につづいて登場したのが、三科目主事として揶揄されてきた社会福祉主事であった。同資格は、戦後の一九五〇（昭和二五）年に生活保護法、児童福祉法、身体障害者福祉法の実施を担う専門職員として設置された。その後、社会福祉事業法（一九五一年）の制定に伴い同法の第一七条に規定された。現在は、社会福祉法（二〇〇〇年）第一八条に規定され「都道府県、市及び福祉に関する事務所を設置する市町村に、社会福祉主事を置く」となっている。

その業務は都道府県においては、「生活保護法、児童福祉法及び母子及び父子並びに寡婦福祉法に定める援護又は育成の措置に関する事務を行う」（第一八条の三）となっている。また、市及び福祉に関する事務所を設置する市町村は「生活保護法、児童福祉法、母子及び父子並びに寡婦福祉法、老人福祉法、身体障害者福祉法に定める援護、育成又は更生の措置に関する事務を行うこと」（第一八条の四）とある。ただ、同資格は任用資格であり、国家資格ではない。また、同資格取得においては大学等で主要科目（三科目）を取得するかあるいは社会福祉主事資格認定講習を受講することなどによって、取得することができる。そのため長期間の現場実習や社会福祉主要科目の履修が完全に網羅されていないことから、社会福祉専門職としての社会的評価は高くない。

保育士、社会福祉主事（任用資格）が戦後の社会的要請のもとで確立したが、その後高度経済成長期まで国の社会福祉専門職への取り組みはなかった。しかし、経済の成長に伴って社会福祉の専門職問題への取り組みとして一九六九（昭和四四）年の中央社会福祉審議会による「社会福祉の向上のための総合方策について」の諮問、一九七一（昭和四六）年の中央社会福祉審議会・職員問題専門分科会の「社会福祉法制定試案」がある。この試案の骨子は社会福祉士を第一種と第二種に分類したことである。すなわち、第一種は社会福祉系の大学院または大学で社会福祉を専攻した者。第二種は社会福祉系の短大あるいは養成学校を卒業した者としたが、社会福祉系の諸団体、地方の福祉行政あるいは福祉労働界等から時期尚早論、労働条件改善論優先等反対があり、結果的に白紙撤回となった。

その後、一九八六（昭和六一）年東京で開催された「国際社会福祉会議」、同年大阪で開催された「国際社会福祉セミナー」の影響もあって、一九八七（昭和六二）年に「社会福祉士及び介護福祉士法」が成立し、我が国、最初の国家資格として社会福祉士並びに介護福祉士（共に名称独占）の両資格が誕生した。そして、一〇年後の一九九七（平成九）年に「精神保健福祉法」成立に伴って、精神保健福祉士（名称独占）が誕生した。

ただ、社会福祉資格問題で忘れてはならないのは、医療従事者（医療ケースワーカー）の資格問題である。資格問題を運動として取り組んだのは日本医療社会事業協会（一九五三年設立）の第四回通常総会（一九五七年）以降である。その後、資格問題は紆余曲折しながら一九六七年には日本医療社会事業協会、日本精神医学ソーシャルワーカー協会、日本ソーシャルワーカー協会の身分調査合同委員会が「医療社会福祉士法案」を作成し、翌年、日本医療社会事業協会定期総会（大宮）で承認されたが、法律として制定されるには至らなかった。また、「医療福祉士法」試案が一九八二年に作成されたが、医療ソーシャルワーカーの資格制度の確立には至らなかった。一九八九年には「医療ソーシャルワーカー業務指針」（二〇〇二年に改定）が出され、医療ソーシャルワーカーの業務が提示された。

現在、医療ソーシャルワーカーの国家資格は存在しないが、社会福祉士の資格を取得することが病院等における医療ソーシャルワーカーの採用条件となっている。

2　専門職と専門職化（専門的職業化）

「社会福祉士及び介護福祉士法」第二条第二項に「『介護福祉士』とは、専門的知識及び技術をもつて、身体上又は精神上の障害があることにより日常生活を営むのに支障がある者につき心身の状況に応じた介護（喀痰吸引その他のその者が日常生活を営むのに必要な行為であって、医師の指示の下に行われるもの〈厚生労働省令で定めるものに限る。以下「喀痰吸引等」という。〉を含む。）を行い、並びにその者及びその介護者に対して介護に関する指導を行うこと（以下「介護等」という。）を業とする者をいう。」と定義している。この定義から介護福祉士を

図表7－1　専門職の条件

G. Harris-Jenkins (1970)	A. Flexner (1915)	E. Greenwood (1957)	G. Millerson (1964)
構造的要因	高度の個人的責任を伴う知的操作	専門職的権威	
社会（構成）的要因	団結化	（組織化）	組織化
活動（目的）的要因	実際的 公共の関心と福祉		公衆の福祉
教育的要因	伝達され得る技術 学習可能	体系的理論	理論と技術 教育訓練
		社会的承認	テストによる能力証明
理念的要因		専門職的副次文化	
行動（基準）的要因		倫理綱領	倫理綱領

出所）秋山智久『社会福祉実践論』ミネルヴァ書房，2013年，p.234

「専門的知識」と「専門的技術」を用いて、介護並びに介護に関する指導を行う者とする。しかしながら、専門的知識・技術の脆弱性から社会的評価は低いものとなり、介護福祉士が専門職か否かが問われているのである。

そこで、介護福祉士が専門職であるためには専門職化（専門職業化）が必要である。介護福祉実践の本質的要素は、知識・技術・価値を援助過程において検証し、最終目標である利用者の自立（＝自己決定）を促すことである。そこに専門職としての存立意義がある。すなわち、知識、技術、価値は介護福祉実践における共通基盤であると同時にこれらの三要素を具備することが専門職の条件となるのである。

専門職（specialist）の基本的職能について羽田新は「専門職の基本的職能は管理者によって専門職化された仕事そのもの（いわゆる特命業務）を自らの能力に基づいて処理することにある。」と定義している。(1) すなわち、「専門職とは医師・弁護士・公認会計士等のように特殊な技能と知識を有し、社会的評価・承認をうけ、倫理綱領に基づいて業務を遂行する専門的権威を有する者」と定義することができる。ただし、ここでは直接人間に関わる対人援助専門職とする。

専門職の条件として、属性（条件）モデルの代表的研究者であるハリーズ・ジェンキンス（Harris-Jenkins. G.）、フレックスナー（Flexner. A.）、グリーンウッド（Greenwood. E.）、ミラーソン（Millerson. G.）らは、図表7－1のように専門職の条件をあげている。

この図表7－1からハリーズ・ジェンキスンは専門職の条件として構造的要因、社会（構成）的要因、活動（目的）的要因、教育的要因、理念的要因、行動（基準）的要因をあげている。また、フレックスナーは高度の個人的責任を伴う知的操作、団結化、実際的公共の関心と福祉、伝達され得る技術・学習可能をあげ、グリーンウッドは専門職的権威、（組織化）、体系的理論、社会的承認、専門職的副次文化、倫理綱領を、そして、ミラーソンは組織化、公衆の福祉、理論と技術・教育訓練、テストによる能力証明、倫理綱領等をあげている。これらから専門職の条件を要約すると社会の組織化、理論学習、倫理綱領、社会的要因等となる。

次に、介護福祉士を専門職として確立するために専門職化を推進する必要がある。そのためにまず専門職化とは何かを理解することが重要である。

専門的職業化（specialization）について、加藤譲治は「職業の意義として分業による連帯があげられるが、社会分化ないし異質化を理解する適切な事例として専門的職業化（専門職化）がある。技術進歩、産業活動の世界化、高度化が顕著な今日では職業の専門化は一層進む。従来からの医師、法曹家の専門的職業に加えて、航空管制官、情報関連技術者など、新しい専門的・技術的職業就業者が量的にも順次増大し、かつそうした職業の社会的意義が高まっていることが指摘できる。」としている。(2)

すなわち、経済のグローバル化、高度情報化社会において、高度化・重層化・複雑化した顧客のニーズに対処するため各領域・分野に適した専門職が必要となる。福祉分野においても高齢社会における地域包括ケアシステムの遂行において介護福祉士の果たす役割が重要となり、ますます専門職化が求められている。

3 専門性、専門職性、専門職制度の概念

秋山智久は専門性と専門職性並びに専門職制度の三者の概念について次のようにあらわしている。「『専門性』とは『学門・研究レベルでの専門性』という概念と位置付ける。この専門性は職業レベルの専門職性の基礎となる。(3)」と定義している。また、「専門職性」とは「職業レベル」の課題をもち、社会における職業としての社会福祉の要点となる項目である。社会福祉が社会において職業として成立していくための、理論の実用性や有用性を探索していくレベルである。」と定義している。(4) そして、専門職制度については「専門職がさらに社会で機能するために必要な制度・システムのレベルの課題をもつ資格制度もしくは専門資格は専門職制度の中核になる」と定義している。(5)

すなわち、専門性＝学問・研究レベル、専門職性＝職業レベル、専門職制度＝制度・シ

ステムレベルとなり、三者は三位一体の関係にあり、専門職を構成しているのである。
専門職としての介護福祉士は、専門性、専門職性、専門職制度の三つの概念によって構成されていると考える。そこで、この節では、まず、秋山智久の提唱する三つの概念を精査することによって、専門職の本質を明らかにすることが可能である。いわゆる、専門性＝学問・研究レベル、専門職性＝職業レベル、専門職制度＝制度・システムレベルとなり、三者は専門職を構成している共通基盤である。

図表7－2　専門職の３つの概念

専門性（学問・研究レベル）

専門職性（職業レベル）

専門職制度（制度・システムレベル）

出所）秋山智久『社会福祉専門職の研究』ミネルヴァ書房，2007年，pp.115-116を参照して作成

(1) 専門性

専門性の諸説について紹介すると次のようになる。京極高宣は専門性として、①基礎知識（関連知識・一般教養）、②専門知識及び技術（各種社会福祉制度・関連分野に関する知識並びに社会福祉援助技術）、③倫理（人権の擁護・自立援助・守秘義務等）等をあげている。[6]

また、奥田いさよは、専門性を①外なる専門性：ソーシャルワークが対人援助職と明確に区別できるかどうかにかかわる専門性と②内なる専門性：ソーシャルワークにおける専門分野にかかわる専門性として分類している。[7]

そして、佐藤豊道は①創造性を伴う知的な過程、②体系的理論、③倫理基準、④専門職的権威、⑤専門職的下位文化、⑥専門教育の組織化、⑦専門職団体の組織化、⑧教育的背景や専門職試験などによる社会的承認、⑨

公益性の志向、⑩科学的、批判的、合理的視座、⑪高い報酬と社会的評価、⑫専門職者としての個人的責任等をあげている。(8)

ケアワーカー（介護職員）の専門性に関して、著名な報告書は、一九八七（昭和六二）年の日本学術会議社会福祉・社会保障研究連絡委員会に報告された「社会福祉におけるケアワーカー（介護職員）の専門性と資格制度について（意見）」である。このなかで、ケアワーカーの専門性について「ケアワーカーの専門性はまず、社会福祉に働く者としての倫理性やみずからの役割認識、さらに社会福祉制度への理解を前提として、現在の家政学などの成果を十分組み入れた家事援助、個々の高齢者の自立度や病状などの個別の事態に対応できるような介護、さらに医療関係者とのチームワークを組めるだけの教養を必要とするものである。しかも、それらが一人ひとりの個別性に応じて統合化され、総合的に活用されるという点がもっとも問われる力量であり、その意味においてそれはいわば専門分化した専門性ではなく、諸科学を応用、総合するなかで、直接、生命と生活にかかわる専門性として、位置づけられなければならない性格のものである。」と定義している。

さて、専門性の開発（図表7－3）に関してハリー・スペクト（Harry Specht）は三つの目的をあげている。それは「①知識開発②知識統合③知識適用である。これら三つが専門性開発の主要な目的であり、ひとつの連続体をなしている」と指摘し、「三つの目的すべてが専門性開発に欠かせないものである。学問的な修練からは、知識の適用は第二義的なことと見なされるかもしれないが、専門性の開発にとって知識の適用がもっとも大切な

図表７－３　専門性開発の目的・組織的援助・教育方法

専門性開発の目的			
組織的援助	知識開発	知識統合	知識適用
単科大学・総合大学	個人指導・基礎研究	講義	1．演習 2．実習科目 3．現場実習 4．卒後研修
		研究セミナー	実習セミナー
継続教育 福祉施設・機関	シンポジウム 応用的研究 (例・プログラム評価)	専門職カンファレンス 現任訓練	ワークショップ スーパービジョン・ コンサルテーション

出所）ハリー・スペクト著，京極高宣・高木邦明監訳『福祉実践の新方向』中央法規出版，1991年，p.322

ことである。知識形成の目的が専門職教育や実践のなかでの適用の課題に密接に結びつけられている。なぜかというと応用的な、基本的な調査研究の実践的な適用について、はっきり説明されなければならないからである。この過程で、統合が理論と実践の間を結びつけつつ、重要な働きを果たす。」と指摘している。(9)

つまり、専門性とは、独自の視点をもち、新たな価値体系をもった理論を構築することである。その手段として文献研究あるいは調査研究（質的・量的）を用いるのである。

(2) 専門職性

この用語は秋山智久が指摘しているように専門性が「学問・研究レベル」に関する課題を有しているのに対して、専門職性は「職業」レベルに関する課題を有するのである。

ソーシャルワークの専門職業観に対して、一石を投じたのが「フレックスナー報告」である。それは一九一五年に開催された全米慈善・矯正会議の講演「ソーシャルワーカーは専門職業か」においてである。その理由について、フレックスナーは「ソーシャルワークが、独自の技術(technology)、専門教育のためのプログラム、専門職業に関する文献、そして、実践技能を有していない」[10]と指摘した。また、この報告において、彼は以下の五項目が社会福祉専門職として欠如している項目であると指摘している。

①社会科学における基本的な準備、
②占有的・特殊的な知識の体系と伝達可能な専門的技術、
③一定の教育と州の監督下においてテストされた専門的資格、
④専門職の団体、
⑤専門的実践のための綱領[11]等である。

同報告書は一九一五年以降のソーシャルワークの技術尊重に影響を与えると同時にソーシャルワークの専門職化の途への学問研究の発端となったのである。

つまり、社会福祉の専門職性の目的は、利用者の基本的人権と生活擁護を尊重し、自立・自己決定を促す知識・技術・価値を共通基盤とする援助技術を用いて、多職種との連携・協働を推進することである。

(3) 専門職制度

専門職制度について羽田新は「部長―課長―係長というライン職位(管理職制度)とは別に専門職のための職位(例えば専門部長―専門課長―専門係長とか、主幹―主査―主任など)を作り、専門スタッフをそれぞれにあてはめていくシステムをいう。」と定義している。[12]具体的には、社会福祉の専門職制度とは、サービス利用者のための制度・システムである。その目的はサービス利用者のための、介護サービスを規定する介護保険制度や地域住民に対して、医療、介護、予防、住まい、生活支援などのサービスを切れ目なく提供する地域包括ケアシステムや介護職員の労働条件（労働時間・賃金体系等）、倫理綱領、業務指針である。また、人材確保のための財源確保等について専門職が社会的機能・役割を果たすための制度やシステムである。

4　介護福祉士の専門性

（1）介護福祉実践の原理

本来、原理（principle）とは、哲学や教学を論ずる場合の法則・原則である。

介護福祉実践の原理として、1．人権尊重の原理、2．公的責任の原理、3．自立・自己決定の原理、4．全体性の原理、5．ノーマライゼーションの原理の五つをあげることができる。介護の対象である高齢者・障害児（者）は、身体的、精神的にも疲弊した弱者である。しかし、施設介護の現場において、頻度は少ないが介護職員による身体的虐待、精神的虐待等が散見される。また、在宅介護での家族介護者、特に男性介護者による要介護者（老親）への虐待が新聞の社会面を占めている。要介護者に対する虐待は、介護者の人権意識の欠如にある。そこで、五つの介護福祉における原理を解説する。

1．人権尊重の原理

人権擁護思想は「世界人権宣言」（一九四八年）以降、世界的潮流であり、日本国憲法第一一条「国民は、すべての基本的人権の享有を妨げられない。この憲法が国民に保障する基本的人権は侵すことのできない永久の権利として、現在及び将来の国民に与えられる。」とあり、「国民の基本的人権の永久不可侵性」が定められている。また、第九七条「この憲法が日本国民に保障する基本的人権は、人類の多年にわたる自由獲得の努力の成果であって、これらの権利は過去幾多の試練に堪へ、現在及び将来の国民に対し、侵すことのできない永久の権利として信託されたものである。」とし、「基本的人権の本質」を掲げている。そして、厚生労働省老健局長の私的研究会である高齢者介護研究会は「二〇一五年の高齢者介護〜高齢者の尊厳を支えるケアの確立について〜」（二〇〇三年）の報告書を提出した。そのなかで、尊厳を支えるケアの確立の方策として、①介護予防・リハビリテーションの充実、②生活の継続性を維持するための、新しい介護サービス体系（ア．在宅で三六五日・二四時間の安心を提供する、イ．「新しい住まい」、ウ．高齢者の在宅生活を支える施設の新たな役割、エ．地域包括ケアシステムの確立）、③新しいケアモデルの確立：認知症高齢者ケア、④サービスの質の確保と向上等を提起している。人権尊重の原理は、介護福祉の原理のなかでももっとも重要な原理である。

2. 公的責任の原理

介護福祉実践における公的責任の法的根拠は、憲法第二五条第一項「すべて国民は、健康で文化的な最低限度の生活を営む権利を有する」及び第二項「国はすべての生活部面について、社会福祉、社会保障及び公衆衛生の向上及び増進に努めなければならない」にある。現在、同条の解釈は国民の法的権利説から国の努力目標であるプログラム説が有力になっている。一九九〇年代の社会福祉基礎構造改革により、社会福祉サービスが基本的に「措置制度」から「利用者制度（契約）」に変化することによって、「やむを得ない事由」による措置以外、公的責任の所在が軽視化された。また、介護サービス市場において民間事業者の参入も認められたことが、公的責任の希薄化に一層拍車をかけることになった。一方で、今日の経済のグローバル化のもとで、非正規雇用者の増大により、国民間の所得格差が顕著となり、「格差社会」が出現している。しかし、憲法二五条が国民の生存権、最低生活の保障を掲げている以上、その福祉サービスの供給は、時の政治的社会的状況に左右されることなく、国家は、国民各層に対して、普遍的であらねばならないのである。ここに、公的責任原理の本質がある。

3. 自立・自己決定（主体性）の原理

近年、日本の社会福祉・社会保障制度に関する基本的方針は時代の推移とともに変化してきた。戦後、一貫して、社会福祉の目的は、憲法二五条に基づく、「国民の最低限度の生活保障」であった。その後、高度経済成長期による国民生活の向上とともに国民皆保険・皆年金制度の体制の確立（一九六一年）が達成された。そして、一九七三年の社会保障制度審議会の勧告により「福祉国家」宣言がなされた。しかし、その後、二度の石油ショックによる経済状況の悪化と少子・高齢化という人口構造の変化により、日本の社会保障・社会福祉の路線は、経済的逼迫の下、路線変更をせざるを得なくなった。こうしたなかで、今日では、社会保障費の抑制と国民の費用負担増（社会保険料率の負担増）という「全世代対応負担型」の社会福祉・社会保障政策が論じられるようになった。

自立・自己決定が基本理念として提示されているものにデンマークの高齢者福祉三原則がある。なお、このなかで、「自己決定の原則」が導入されている。その根拠として同国が伝統的に自由・平等・博愛（連帯）を国是とする民主主義国家であることに依拠する。自由と自己責任は表裏一体の関係にある。幼児期から保育園・幼稚園等で自由を尊ぶ教育をうけ、育った国民は自立・自己決定は社会生活において、きわめて自然的なものとして享受し、日常的慣習となっている。

ところで、「自立」とは、他者の援助や支配をうけることなく、物事の判断を決定する自己決定権あるいは自己管理能力をいうが、利用者は自立・自己決定を享受することが困難な状況にある。社会福祉の目的は利用者の自立・自己決定を実現するための援助である。(13)すなわち、利用者の自立・自己決定を尊重することは、利用者の尊厳を支える介護にも通ずるのである。

4．全体性の原理

全体性の原理は、介護サービスの利用者と家族・社会（制度）との間に介在する困難・障害を発見、除去することが目的である。その為に介護者はサービス利用者の「生活を全体として理解する」ことが必要である。[14] つまるところ、利用者の生活上の困難を発見・除去するため個人・家族と社会との関係を調和・調整することである。そのためには、インフォーマルな支援として、家族・近隣住民による自立支援や地域社会の町内会・自治会の援助あるいはボランティア等による支援、フォーマルな援助として、公私による各種の社会福祉サービスあるいは社会福祉制度・政策の活用、社会保障制度関連施策の適用が必要となる。

5．ノーマライゼーションの原理

ノーマライゼーションの理念はデンマークのバンク＝ミケルセン（Bank-mikkelsen, N. E.）が提唱した理念である。もともと同思想は知的障害者の全人的回復を目的としたものであるが、今日ではすべての人びとが共に生きる共生社会の実現に向けての思想となっている。

このことは障害者のみならず、高齢者や病弱者等日常生活での支障をきたした人びとが地域社会で自立した生活を営むことができることを目的とするものである。われわれは生活の基盤を従来から慣れ親しんだ地域社会で継続して営むことが理想である。そこには友人、知人等近隣社会での交友・友情関係が存在しており、心の「安堵」と生活の「安心」

が確保されている[15]。

このことからノーマライゼーションの思想は障害児（者）あるいは、高齢者が人間として生活を営むうえにおいて必要不可欠な条件が欠損した場合に発生するニーズを適切に把握するうえにおいて、介護福祉士にとって、欠くことができない思想であり、原理である。

(2) 介護福祉士の共通基盤

1. 専門的知識

介護福祉士にとって必要な専門的知識は、介護全般に関する知識は無論のこと、①社会事象としての社会福祉問題に関する知識、②人間に関する知識（医学・保健・リハビリテーション・心理学・精神分析学）、③人文科学（哲学・文学・言語学等）、社会科学（政治・経済・社会・歴史学等）、自然科学（物理・生物・地学等）の基礎知識、等の知識を修得することも社会・人間を理解するために大切である。これらの知識は養成課程において取得すべきものであるが、現任訓練として再教育の場においても修得すべき事柄である。

2. 専門的技術

介護福祉士が修得すべき専門的技術は、

①身体介護・生活援助に関する技能

身体介護に関する技能とは、入浴、食事、排せつ・排尿等に関する介助・介護技能である。また、生活援助技能とは、食事援助の他、洗濯、炊事、掃除、金銭管理、移動、買い物等である。

②コミュニケーション技能

コミュニケーション技能とはソーシャルワーク、カウンセリング等の技術をいう。

③多職種との関係

介護福祉実践において、医師、看護師、ＯＴ、ＰＴ、社会福祉士、栄養士等との連携・協働が必要である。

以上が介護福祉士の修得すべき専門的知識であるが、特に医療・看護に関する知識が今後、多様化・多層化した介護ニーズに対処するためには必要となる。

3．価値／倫理

一般的に価値とは「人間性」であると理解されている。価値はサービス提供者が「善」を感得し、承認することによって成立する。すなわち、要介護者のニーズを充足する介護福祉士の人間性（態度・能力）によって、自立援助の程度が決定されるのである。なお、価値へのアプローチとして、①自立・自己決定のための支援（要介護者のニーズを明確にする）、②人権の尊重（ケアワーカーの人間性に影響をうける）、③ノーマライゼーション、ＱＯＬの理念の遂行等がある。[16]

また、倫理とはサービス提供者の行動規範であり、道徳と同意語である。この倫理は行為の規範となる善をもとにふたつの立場に区分することができる。ひとつは善を行為の到達点である結果に求める倫理（結果主義）ともうひとつは善を行為の出発点である動機に求める倫理（動機主義）である。前者は倫理の究極の目標が行為の結果として生じる幸福であるとし、幸福と善とは同一視するものであり、幸福主義とよばれている。これに対して、後者は幸福を念頭に置くことなく、純粋に義務にしたがって行為することが善であるとする。すなわち、善と幸福は切り離されるのであり、幸福を断念し、禁欲的に義務を実行するので禁欲主義とよばれている。[17] このように倫理を二種類に区別することができるが、倫理は人間が社会生活を送るうえにおいて遵守すべきものであり、社会福祉の専門職は利用者の基本的人権を遵守したサービス提供者でなければならない。価値／倫理は利用者の人権の尊重と自立・自己決定を前提としたサービスを実施する上において、専門職にとって欠くことのできない職業倫理観であり、専門的技術、専門的知識の在り方を左右し、サービス全体の評価を決定するものである。

(3) ソーシャルワークの必要性

介護福祉士の専門性として、ソーシャルワークをあげることができる。介護福祉の「福祉」の領域に該当するのがソーシャルワークである。この用語の意味は社会福祉の実践活動のことであり、イギリスにその萌芽をみることができるが、その後、アメリカで理論化され、近代科学を導入して発展したのである。その構造は、①直接的援助技術として、介護福祉実践、ケースワーク、グループワーク、②間接的援助技術として、コミュニティワーク、アドミニストレーション、リサーチ、ソーシャルアクション、コミュニティワーク等がある。介護福祉実践におけるソーシャルワークは、ソーシャルワークにおける意義・役割と異なる。前者の業務では身体的援助と生活援助が主でソーシャルワークが従であるが、後者では、ソーシャルワークの業務のすべての領域を占める。

ソーシャルワークのバイブル的存在である「バイスティックの七原則」がある。この原則は、①個別化、②意図的な感情の表出、③統制された情緒的関与、④受容、⑤非審判的態度、⑥クライエントの自己決定、⑦秘密保持等として、ワーカーの取るべき態度を示唆している。ソーシャルワークのなかで、注視すべきことは、介護サービスを利用するのは主として、介護保険法に規定する要介護者である。一般的に介護保険制度においては、要介護者は日常生活が困難な社会的弱者である。そのため身体的・精神的・心理的に衰退・衰弱状態にあると考えるのが普通である。

そこで重要となるのが、援助過程において要介護者のワーカービリティ（利用者の問題解決能力）をいかに引き出せるかである。つまり、要介護者は、自分に直面する問題に対して、自ら適切なる機会を見つけ、適切な動機づけを行い、適切な能力を発揮することによって問題を解決していくのである。

結果として、本人の自立・自己決定に向けての援助となる。

このワーカビリティを介護福祉実践で、介護者が要介護者から引き出すことが重要となる。ただし、ソーシャルワークの弱点は可視化できないことである。今後、第三者にどう理解してもらうかがソーシャルワークの課題である。

5 介護福祉士の専門職性について

(1) 介護福祉士の専門職性

1. 介護福祉実践の展開

介護福祉の援助は、①直接的・具体的サービス(ア．身体的援助＝介護技術、イ．生活援助＝家事援助)と②ソーシャルワーク(ア．精神・心理的援助、イ．地域・社会的援助)に体系化することができる。介護福祉の援助展開は圧倒的に①の業務が大半を占めている。そして、要介護者が重度化するにしたがって、介護福祉実践は、身体的介護に傾斜するため、一方の業務の柱であるソーシャルワークが自ずと業務量として減少することとなっている(図表7－4参照)。介護福祉業務は、状況によっては身体的介護より、精神的・心理的介護に焦点を合わせた援助が必要なケースがある。それは、認知症に対する介護である。

認知症高齢者の症状は、①中核障害としての記憶障害、実行機能障害、失認、失語、失行(衣服等の着脱衣がわからない)、そして②周辺症状としての徘徊、暴言・暴力・攻撃性、介護抵抗、不安・焦り、幻覚、妄想、抑うつ、睡眠・覚醒障害等であるが、状況によって異なるが対人援助技術であるソーシャルワークや心理療法が効果的結果を促す方法として用いられている。

その代表的な方法が、①ヴァリデーション・セラピー、②パーソン・センタード・ケア、③回想法等である。

なお、ソーシャルワークにおいて重要なのは援助過程におけるエンパワーメントの視点の導入である。このエンパワーメントの導入に伴いパワーが脆弱化した高齢者・障害者の人権・権利を擁護し、搾取・差別を除去することによって、利用者の自立・自己決定を促すことにつながるのである。

図表7－4　ケアワーク業務の傾斜化

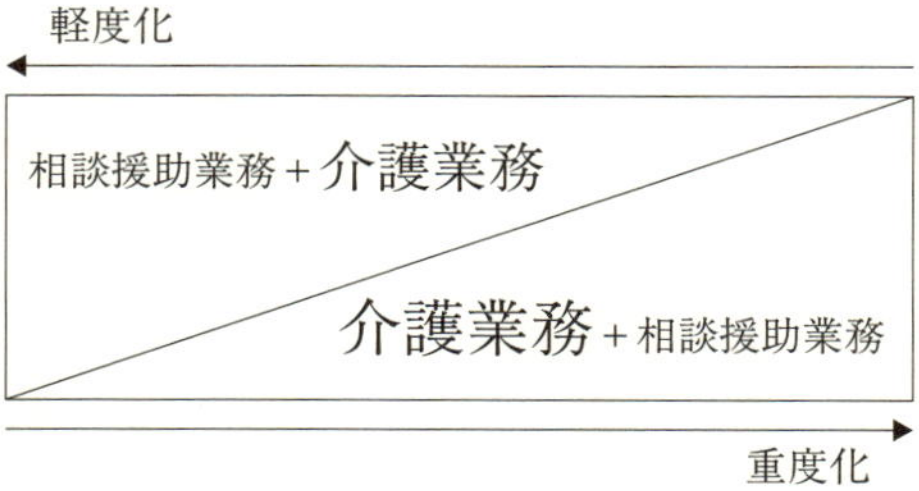

出所）成清美治「ケアワーク」糸川嘉則総編集，交野好子・成清美治・西尾祐吾編『看護・介護・福祉の百科事典』朝倉書店，2008年，p.359

2．介護福祉士の職能団体

介護福祉士の職能団体として、一九九四（平成六）年二月一二日に設立された公益社団法人日本介護福祉士会がある。同団体の目的は「介護福祉士の職業倫理の向上、介護に関する専門的教育及び研究を通して、その専門性を高め、介護福祉士の資質向上と介護に関する知識、技術の普及を図り、国民の福祉の増進に寄与する。」とある。

事業内容は、①制度・政策委員会、②研修委員会、③全国研究大会（年一回）、④ブロック研修会、⑤セミナー及びリーダー研修、⑥国家試験対策及び介護支援専門員実務研修受講試験対策、⑦広報・事業委員会、⑧日本介護福祉士会ニュースの発行（隔月）、⑨全国一斉介護相談（九月第二週）、⑩専門誌『介護福祉士』の発行、⑪調査・研究委員会、⑫介護福祉士の就労実態と専門性の意識に関する調査、⑬組織強化委員会、⑭各支部の会員拡大と組織の育成、強化の推進、⑮その他の各種委員会等となっている。また、組織として日本介護福祉士会のもとに都道府県介護福祉士会（六ブロック：北海道・東北ブロック、関東・甲信越ブロック、東海・北陸ブロック、近畿ブロック、中国・四国ブロック、九州ブロック）がある。なお、介護福祉士資格登録者数は一、四〇八、五三三人（平成二八年三月末日現在、社会福祉振興・試験センター調べ）で、そのうち日本介護福祉士会への登録者数は、約四、七〇〇人（平成二七年三月末現在、社会福祉士会・介護福祉士会　会員数都道府県別一覧）となっている。調査年度は異なるが、資格登録者数に対して、日本介護福祉会への登録者数が圧倒的に少ない。この要因として、資格は取得したが、介護関係職種に就労していない者あるいは資格は取得したが、介護関係職種には就労はしているが会員登録をしていない者、等を考えることができる。今後、有資格者が介護関係職種に就労することが、介護人材不足問題解消への手がかりとなるが、その前提条件として他職種に比較して給与水準の低さ、非正規雇用者（正規雇用者の六割程度の賃金）の不安定さ、採用後の昇給率の低さ、重労働（3K）、社会的低評価等の問題改善が先決である。こうした深刻な問題解決に対して、国（厚生労働省、財務省、総務省）をあげて対策を講ずる必要がある。

3．介護福祉士の倫理綱領

ソーシャルワーカーの倫理に関する声明として著名なのは国際ソーシャルワーカー連盟

（ＩＦＳＷ）の声明「ソーシャルワークにおける倫理―原理に関する声明（Ethics in Social Work – Statement of Principles)」（二〇〇〇年）である。

序文には、「倫理に関する認識は、すべてのソーシャルワーカーの専門的実践に不可欠な要素である。」と規定している。

また、定義として「ソーシャルワーク専門職は、人間の福祉の増進を目指して、社会の変革を進め、人間関係における問題解決を図り、人びとのエンパワーメントと解放を促していく。ソーシャルワークは人間の行動と社会システムに関する原理を利用して、人びとがその環境と相互に影響し合う接点に介入する。人権と社会正義の原理はソーシャルワークの拠り所とする基盤である。」（序文・定義ともに、訳：岩崎浩三・星野晴彦）とし、序文で「倫理」を、定義で「人権と社会正義」を謳っている。

介護福祉士会は倫理基準（行動規範）を次のように定めている。

①利用者本位、自立支援

②専門的サービスの提供

③プライバシーの保護

④総合的サービスの提供と積極的な提携、協力

⑤利用者ニーズの代弁

⑥地域福祉の推進

⑦後継者の育成

この倫理綱領を要約すると、「個々人の意志を尊重し、高齢者・障害児(者)の自立を目的とした援助をすること。そして、介護福祉士は、専門的知識・技術・価値を具備した専門職で、職務上得た個人の情報を守り、業務において多職種との連携・協働を意図すること。また、利用者の暮らしを支える視点からニーズを受け止め、地域包括ケアを推進する立場から介護の専門職として積極的に地域住民と関わることを意図すると同時に後進の育成に努めなければならない。」となる。

倫理綱領は、介護福祉士の行動規範を定めたものであり、倫理規定を遵守することによって、介護サービス展開のなかで、弱者である要介護者の尊厳を支える介護につながると同時に介護福祉士のサービスの質的向上にもつながる。

4. 資格制度

一九八七(昭和六二)年、福祉関係三審議会合同企画分科会より「福祉関係者の資格制度について」(意見具申)が報告された。同報告書のなかで、介護福祉士の資格取得の条件として、①高校卒業以上の者で、厚生労働大臣の指定する養成施設(2年)等を卒業した者、②3年以上業務に従事した者等で、厚生労働大臣の指定する者の行う試験に合格した者という条件が整備された。その後、同年「社会福祉士及び介護福祉士法」が制定され介護福祉士が正式に国家資格となる。

現在、資格を得るための手段として、資格審査(国家試験)が存在する。介護福祉士の国家資格を取得するには、①実務経験ルート、②福祉系高校ルート、③養成施設ルートがある。それぞれの試験について述べると下記のようになる。

①実務経験ルート：原則、筆記試験と実技試験があるが、実務者研修（経過措置）をうけた者は実技試験免除となっている。

②福祉系高校ルート：原則、筆記試験と実技試験がある。ただし、二〇〇九（平成二一）年度以降に入学した者は新カリキュラムが適用されるため実技試験は免除となっている。

③養成施設ルート：原則、筆記試験と実技試験は免除となっている。このルートは高等学校卒業後、介護福祉士養成施設に二年以上在籍し、養成課程を修了した者となっている。その他、福祉系大学等卒、社会福祉士養成施設等卒の者が介護福祉士養成施設で一年以上の課程を修了した者、保育士養成施設卒の者が介護福祉士養成施設で一年以上の課程を修了した者は筆記試験及び実技試験は免除となっている。

このように介護福祉士国家資格取得のルートは三種類ある。

ケア専門職として、我が国の介護福祉士と比較して、より専門性が高いと評価されているデンマークの①SSH、②SSAは、社会・健康スクール（SOSU）にて所定の課程を修了すれば有資格者となる。すなわち、同国では、国家試験ではなく、あくまでも理論と実践に秀でた保健・介護分野の専門職を養成することを目的とし、国家試験は課さず各自治体が運営するSOSU（社会・健康スクール）の内部試験の合格者に資格が付与されている。

注

(1) 羽田新「管理職／一般職／専門職」森岡清美・塩原勉・本間康平編集代表『新社会学辞典』有斐閣、二三四ページ
(2) 加藤譲治「専門的職業」同前、九〇二ページ
(3)(4)(5) 秋山智久『社会福祉専門職の研究』ミネルヴァ書房、二〇〇七年、一一五－一一六ページ
(6) 京極高宣『福祉専門職の展望―福祉士法の成立と今後』全国社会福祉協議会、一九八七年、一〇七ページ
(7) 奥田いさよ『社会福祉専門職性の研究』川島書店、一九九二年、一〇二ページ
(8) 佐藤豊道「社会福祉専門職と専門援助技術」岡本民夫編著『社会福祉援助技術総論』川島書店、二〇－二三ページ
(9) ハリー・スペクト著、京極高宣・高木邦明監訳『福祉実践の新方向』中央法規出版社、一九九一年、三二二－三二三ページ
(10) 仲村優一・一番ケ瀬康子・右田紀久恵監修、岡本民夫・田端光美・濱野一郎・古川孝順・宮田和明編『エンサイクロペディア社会福祉学』中央法規出版、二〇〇七年、六一四ページ
(11) 仲村優一・秋山智久編著『明日の福祉⑨　福祉のマンパワー』中央法規出版、一九八八年、八五ページ
(12) 同前(1) 羽田新「専門職制度」九〇一ページ
(13) 成清美治『私たちの社会福祉』学文社、二〇一二年、一九ページ
(14) 同前、二〇ページ
(15) 成清美治『ケアワーク入門』学文社、二〇〇九年、六一－六二ページ
(16) 同前(15) 三三－三四ページ
(17) 同前(15) 二八－二九ページ

※第7章は、拙論「介護福祉士の専門職化と養成の課題」『神戸親和女子大学福祉臨床学科紀要』第一三号、九九－一一五ページを加筆・修正したものである。

第8章

介護福祉士の専門職制度への課題

1 介護職員人材確保

介護福祉士が国家資格の専門職として登場して三〇年近くになるが、問題は山積している。その最大の課題は、介護職員の人材不足問題である。二〇二五年は人口構造上、団塊の世代すべてが後期高齢者になる年である。厚生労働省の同年に向けた介護人材の需給推計(確定値)によると、①介護人材の需要見込み(二〇二五年度)は、二五三・〇万人、②現状維持シナリオによる介護人材の供給見込み(二〇二五年度)は、二一五・二万人、③需給ギャップは、三七・七万人となる。この数値はあくまでも推計であるが、今後、介護福祉士の養成施設入学年齢一八歳人口の減少等を考えると、かなり厳しい数値となることが予測される。

こうした介護職員人材の不足対策として、二〇一五(平成二七)年二月二五日に社会保障審議会社会福祉部会福祉人材確保専門委員会は「二〇二五年に向けた介護人材の確保〜量と質の好循環の確立に向けて〜」を発表した。

この報告書の介護人材に向けた四つの基本的な考え方は、①持続的な人材確保サイクルの確立、②介護人材の構造転換(「まんじゅう型」から「富士山型」へ)(図表8－1参照)、③地域のすべての関係主体が連携し、介護人材を育む体制の整備、④中長期的視点に立っ

図表８－１　2025年に向けた介護人材の構造転換（イメージ）

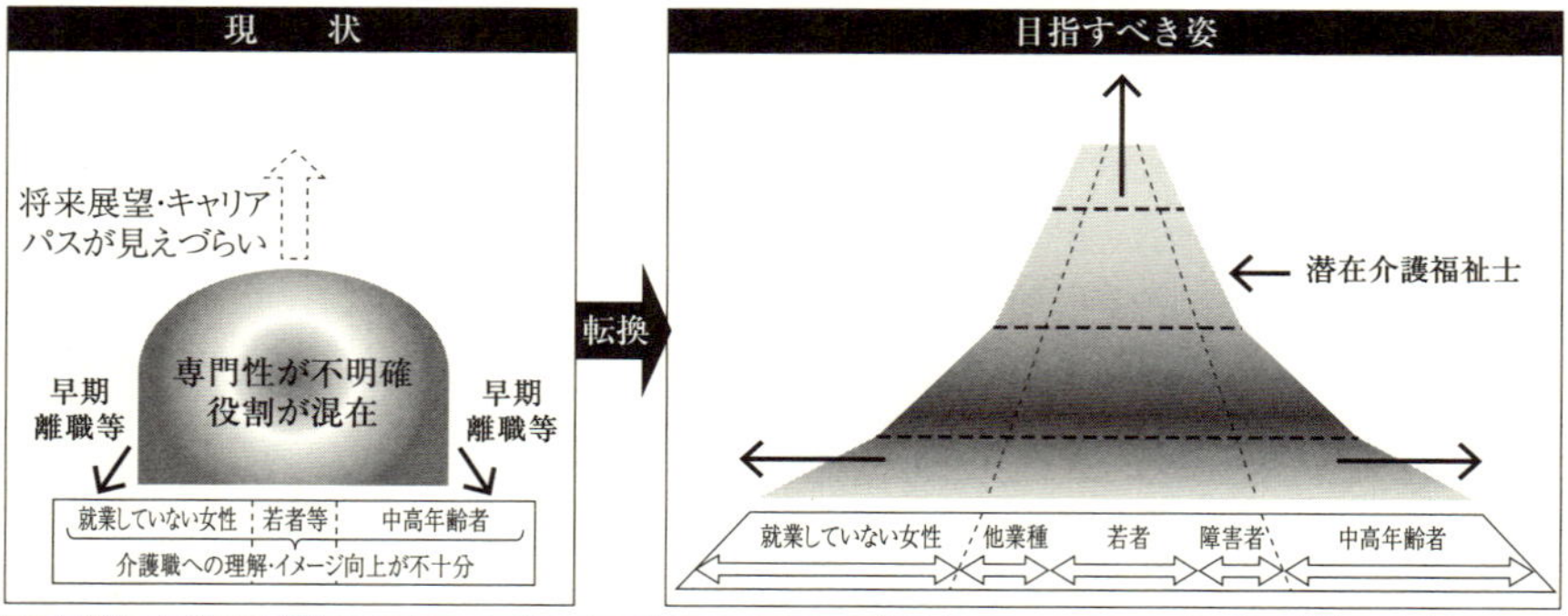

参入促進	1．すそ野を拡げる	人材のすそ野の拡大を進め，多様な人材の参入促進を図る
労働環境・処遇の改善	2．道を作る	本人の能力や役割分担に応じたキャリアパスを構築する
	3．長く歩み続ける	いったん介護の仕事についた者の定着促進を図る
資質の向上	4．山を高くする	専門性の明確化・高度化で，継続的な質の向上を促す
	5．標高を定める	限られた人材を有効活用するため，機能分化を進める

国・地域の基盤整備

出所）社会保障審議会福祉部会・福祉人材確保専門委員会「2025年に向けた介護人材の確保～量と質の好循環の確立に向けて～」2015年２月25日，p.2

た計画の策定等となっており、介護人材確保に関する財源問題は具体的に提示されていない。周知の通り、介護職員の離職の原因は賃金問題、労働条件、社会的評価の低さ等である。そのなかで賃金問題がもっとも大きなウエイトを占めている。

この問題を解決せずして、介護人材確保対策の実効性・有効性は困難である。

2　介護職員確保のための財源確保

厚生労働省「平成二五年度賃金構造基本統計調査」によると、労働者の産業別・産業計の男女平均賃金（平均年齢四二・〇歳、勤続年数一一・九年）三二・四万円に対してホームヘルパー（平均年齢四四・七歳、勤続年数五・六年）、二二・八万円、福祉施設介護職員二一・八万円（平均年齢三八・七歳、勤続年数五・五年）となっている。三者を比較した場合、勤続年数が異なるので単純

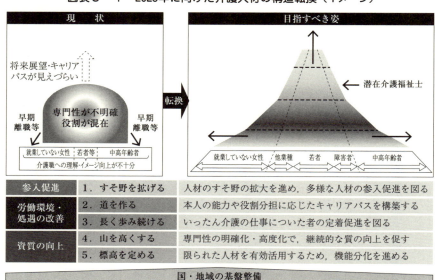

には比較できないが、それでも産業計と比較して、介護関係との賃金差は一〇万円以上である。ここに介護職員の離職率の高さ、非就職希望の原因がある。

介護職員の処遇改善策として、二〇〇九（平成二一）年一〇月〜二〇一二（平成二四）年三月の時限立法として「介護職員処遇改善交付金」により、介護職員の処遇改善に取り組む事業所に介護職員一人あたり平均一・五万円（月）が助成対象の事業所のうち約九二％以上で支給実施された。なお、この事業対策費の予算総額は約三、九七五億円であった。この事業は二〇一二年までの時限立法のため、以後の介護職員の処遇改善対策（賃金対策）が必要であるが、第四回社会保障審議会福祉部会・福祉人材確保専門委員会は二〇一五（平成二七）年二月二三日に「介護人材確保の総合的・計画的な推進について（案）」を発表した。平成二七年度予算案における介護人材確保方策（1）地域医療介護総合確保基金（介護分）七二四億円のうち、介護人材確保として九〇億円の予算（国2／3、都道府県1／3）を計上している。また、（2）平成二七年度介護報酬改定における介護職員の処遇改善として等一、〇五一億円の予算を計上している。具体的には一人あたり月額一・二万円相当の処遇改善となっている（七八四億円〈改定率換算で＋〇・六五％〉）。このように僅かであるが介護職員の処遇改善（賃金）がようやく継続的に行われようとしているが、介護職員の男女別平均賃金は、産業別・産業計男女平均賃金の約七〇％という現実を踏まえた場合、できるだけ早急に賃金の改善が必要となるのである。

3 介護福祉士と医療行為

介護福祉実践において、医療行為を必要とするケースが多々ある。医療行為に関しては、医師の指示に基づく「喀痰吸引等」のみ認められている。医療行為は、「医業は、医師の独占的な業務とされており、医師以外の者に対しては罰則によって医業を行うことを禁止している」（「医師法」第一七条）の通り、医師以外の者が医療行為を成すことは禁止されている。しかし、介護福祉実践において、医療行為をせざるを得ない場面に遭遇する。例えば介護福祉施設において看護師が不在な夜間勤務にて軟膏の塗布、摘便、褥瘡の手当等の行為を行う場合がある。しかし、介護福祉士の業務内容には喀痰吸引等以外の医療行為は認められていない。

何故、介護福祉士の医療行為は禁止なのであろうか。これらの疑問に対する答えは、フィンランドのラヒホイタヤ、デンマークのSSH、SSA並びにドイツのAP共に養成内及びカリキュラムにおいて第5章、第6章にて明らかにしたように、医学系、看護系科目を履修（理論・実践）することになっているからである。これに対して介護福祉士の養成において医学系並びに看護系の科目は開講されていないのである。既述したように法律上、「医師法」第一七条に明記されている「医療行為は医師のみ許される行為」である。現在、介護福祉士は［医師の指示の下に行われる行為］（「社会福祉士及び介護福祉士施行規則第一条」）に定められている医療行為のみ認められている。すなわち、①口腔内の喀痰吸引、②鼻腔内の喀痰吸引、③気管カニューレ内部の喀痰吸引、④胃ろうまたは腸ろうによる経管

写真8－1　ネストヴェズ市近郊の高齢者向け集合住宅

高齢者住宅は棟続きで外壁はレンガ壁となっており，堅牢な造りとなっている。

栄養、⑤経鼻経管栄養等である。

　ここで、デンマークのネストヴェズ市郊外の高齢者住宅へのホームヘルプサービス（二〇一四年九月一七日）担当ヘルパーとの同行訪問時の業務の実際について述べる。担当のSSAのTさん（タイ出身の女性ヘルパー）の車に同乗し、介護付き高齢者施設（Symfonien）から車で約二〇分にてネストヴェズ郊外の高齢者向け集合住宅に到着した。

　高齢者向け集合住宅が立ち並ぶ一帯は静寂で清潔感が漂っており、想像していた以上の住宅街であった。建物の外観は堅牢なレンガ壁で各住居の玄関先には小庭がある。また、各住居には二坪程度の裏庭が整備されている（この庭の整備については、高齢者住宅だけでなく、介護付き高齢者施設の各戸にも必ず整備されていた）。

　まず、ケース1は、七三歳の女性（Aさん）であった。作業の手順としては、①ベッドからの離床作業（褥瘡のケア、清拭）、②車イスへの移行、③シャワー室でのシャワー、④食事の用意、⑤食事の介助の順序であった（各住居には必ずシャワー室が完備されている）。

　Aさんは体格的に大柄であったので、ベッドからの離床の際、Tさんを補助するため途中から二名のヘルパー（補助ヘルパー）が加わった。Aさんは絵画が趣味で「玄人跣《くろうとはだし》」の絵を多数描いて、各部屋の壁面に飾っており、1LDK（居間・寝室・DK・シャワー室）の居住全体が華やいだ感じであった。介護は約三〇分で終了した。

写真８－２　高齢者住宅内のシャワー室

住宅内の間取りはキッチン，居間，シャワー室，寝室の４部屋となっている。

ケース２は、八七歳の女性（Bさん）で、第１のケースのAさんに比較して年齢も重ねられていることもあり、寝たきり状態であった。そのためTさんだけではベッドからの離床が困難なため、Aさん同様、途中から男性のヘルパーが応援に駆け付けた。男性ヘルパーの応援もあり、離床・シャワー室への移動等の作業はスムーズに移行した。

Bさんも居間には家族写真が所狭しと壁面に飾ってあった。これまで数多くの欧米の高齢者施設を視察してきたが、多くの施設のベッド付近あるいは居室には家族写真が飾られている。Bさんの場合、内臓の疾患があるため担当のTさんは医師から指示されている常備薬（漢方薬）を調剤し、利用者に服用させていた。また、褥瘡についても適切に処置していた。

ケース３の高齢者は、八七歳の男性（Cさん）だが、珍しく居室あるいはベッド付近には家族写真がなく、ご本人の写真が居間に三、四枚程度飾ってあるだけであった。その写真もかつて、王宮警護の兵隊であった当時の写真が飾ってあるだけである。家族写真が一枚も飾っていないのは、過去あまり幸せな家庭生活を送ることができなかったのではと勝手に推測した。

Cさんは、孤独感からか日頃からアルコールを飲用しており、居間の絨毯にはアルコールが毀《こぼ》れて沁みた大きな跡が散見された。このCさんに対する介護サービスもAさん、B

さんと同様、①ベッドからの離床、②シャワー、③食事の準備、④食事介助、⑤褥瘡の処置等であった。今回、Tさんのホームヘルプサービスに同行訪問して感じたことは、欧米とくにヨーロッパにおいて、子どもは一八歳になると独立（離床）して居を構えるため、その後の長い人生を夫婦あるいは独居で暮らすことになる（現在、日本の場合も独居老人世帯、高齢者夫婦世帯が増加している）。

今回の同行訪問を通じて感じたのは、以下の通りである。①日本の家族制度が崩壊しつつあるとはいえ、家族とのつながりを重視するわれわれの生活とは異なった老後生活のあり方を垣間見て、デンマーク人の自立・自己決定に基づく日常生活の実態を改めて感得したこと。②デンマークのホームヘルプサービスと日本の介護保険制度のもとでの介護サービスとの最大の違いは、要介護度に応じた時間的制約のなかで介護サービスが実施されている我が国と異なって、デンマークでは原則公的サービスを採用しているため、サービスが時間に制約されないこと。③SSHは基本的に地方自治体職員であるため、身分的に保障されているので「安定」した精神状態で業務を遂行することができること。④高齢者向け集合在宅あるいは介護付き高齢者施設で生活をする高齢者は食事に関しては、基本的に調理ができない場合が多いので、配食サービスを利用している。その際、食事の献立に関しては、各自治体の高齢者福祉政策に対して提言をする組織である高齢者委員会が献立の内容を吟味して決定するシステムが整備されている。そのため、利用する高齢者のニーズに応じた献立の内容になっていること。⑤ホームヘルプサービスのなかに生活援助の他に医療行為である褥瘡の手当て、薬剤の調合等を行っていたが、SSAは養成課程において保健、健康、病医学等の科目を履修（理論・実習）する為、医師の指導のもと基本的医療行為が認められていること（なお、SSAは看護・医学に関する科目理論と実習において多数の時間が課されている）。

これに対して、介護福祉士は、喀痰吸引等以外、法的に医療行為が禁止されている。しかし、実際の介護において、基礎的医療的行為が必要な場面が多くある。

既述したように二〇〇五（平成一七）年の介護保険法の改正（正式法律名：「介護保険法の一部を改正する法律」）により、介護予防、総合相談・支援事業等を目的とした「地域包括支援センター」が創設された。さらに二〇一一（平成二三）年の介護保険の改正（正式法律名：「介護サービスの基盤強化のための介護保険法等の一部を改正する法律」）が成立した。これにより、日常生活における医療・介護、予防、住まい、生活支援サービスを切れ目なく提供する「地域包括ケアシステム」の推進が提唱された。

この地域包括ケアシステムのキーパーソンになるのが介護福祉士である。

本来、利用者にとって、サービス提供者は、できるだけ同一人物が精神的・心理的に安心感をもたらすので望ましい。その為には、医療・看護的基礎知識・技術を具備した介護福祉士の誕生が急がれる。デンマークのSSHやSSA、フィンランドのラヒホイタヤ、あるいはドイツのAP等は基礎的医療知識・技術をマスターした専門職で、基礎的医療と介護を要する生活困難者のニーズに適切に対応している。

参考文献

宮田和明・加藤幸雄・牧野忠康・柿本誠・小椋喜一郎編『社会福祉専門職論』中央法規出版、二〇〇七年

池田敬正・土井洋一編『日本社会福祉総合年表』法律文化社、二〇〇〇年

※写真二点は、筆者撮影

※第8章は、拙論「介護福祉士の専門職化と養成の課題」『神戸親和女子大学福祉臨床学科紀要』第一三号、九九－一一五ページを加筆・訂正したものである。

おわりに

少子・高齢社会のもとで社会福祉をめぐる環境が非常に厳しくなってきている。例えば、老人介護施設や保育所における介護職員や保育士等人材確保難の問題、あるいは子どもの貧困問題、非正規雇用の増大による「格差社会」の出現等である。この拙書では福祉先進国であるデンマークの高齢者福祉政策のもとでの介護人材養成の現状を学ぶことによって、我が国の介護人材養成における課題を明らかにした。その結果、介護福祉士と准看護師の合体による新たなるケア資格である「社会介護保健師」(案)を提案した。この資格は、准看護師と介護福祉士の両資格を取得することによって、医師や看護師の指示のもと基礎的医療行為と日常生活支援を行うことができるようになる。このことで地域で生活する病弱な高齢者や障害者、そして要支援者等に対する基礎的医療行為を包含するケアサービスを実施することができるのである。周知の通り、ケアサービスは同一人物による同一サービスが望ましいのは言うまでもない。

厚生労働省は二〇一六年三月七日に「介護施設に抜き打ち指導」を行うと明らかにした。これまで同省(各自治体)は事前通告による実地指導を行ってきたが、今回、抜き打ちに実地指導を行うこととなった。

この背景には介護施設において利用者に対する虐待が急増していることがある。虐待防止に対しては「高齢者虐待防止法」（二〇〇五年）がすでに制定されている。

同法の特徴は、虐待をうけた高齢者を発見した者に通報義務が課せられることと、高齢者の養護者に対する支援が設けられたことである。しかし、現実には虐待件数は年々増加の一途を辿っており、最近では虐待が陰湿且つ重篤化（特別養護老人ホームにおいて虐待が原因で死亡事故が発生）している。

虐待増加の背景として、介護人材確保が非常に困難になっているため、専門教育をうけていない人びとが介護職員として、介護福祉施設に雇用されていることにあると指摘することができる。その要因は本文のなかでも明らかにしたように、ひとつは「処遇問題」であり、他のひとつは「養成上の問題」である。換言すれば、介護人材の確保は「量的問題」であると同時に「質的問題」でもある。

国家資格としての介護福祉士の登場により、欧米福祉先進国に比較してケアワーク（介護福祉）における専門職としての「資格」は遜色のないものである。しかし、問題はその養成内容（カリキュラム）にある。

「社会福祉士及び介護福祉士法施行規制」（第1条）の改正により、医師の指示のもと一部の医療行為が介護福祉士に容認されたことにより、介護福祉士にとって基礎的医療行為のための知識・技術の修得がより一層重要となる。その意味でも優秀な人材確保と適切なケアサービスの担保のために「社会介護保健師」（案）の養成が重要であると考えるのである。

著者紹介

成清　美治

兵庫県生まれ

1985年　龍谷大学大学院文学研究科修士課程修了

略　歴　神戸女子大学教授，神戸市看護大学教授，福井県立大学大学院教授，神戸親和女子大学教授等を経て，現在，神戸親和女子大学客員教授（社会福祉学博士）

主　著　『現代人の社会福祉』（共著）川島書店，1994年。『社会福祉援助技術』（共著）川島書店，1995年。『ケアワークを考える』（単著）八千代出版，1996年。『ニュージーランド入門』（共著）慶應義塾大学出版会，1998年。『介護福祉入門』（共著）有斐閣アルマ，1999年。『私たちの社会福祉法』（共著）法律文化社，2001年。『現代医療福祉概論』（共編著）学文社，2002年。『新・ケアワーク論』（単著）学文社，2003年。『医療介護とはなにか』（共著）金原出版，2004年。『ソーシャルワークの固有性を問う』（共著）晃洋書房，2005年。『介護予防実践論』（共編著）中央法規出版，2006年。『長寿社会を拓く』（共著）ミネルヴァ書房，2006年。『看護・介護・福祉の百科事典』朝倉書店（共編著（介護）），2008年。『ケアワーク入門』（単著）学文社，2009年。『現代社会福祉用語の基礎知識（第12版）』（編集代表）学文社，2015年。『海外の介護保障を学ぶ』（単著）学文社，2015年。

等多数

デンマークに学ぶ介護専門職の養成

2016年9月30日　第1版第1刷発行

著　者　成清　美治

発行者　田中　千津子

発行所　株式会社　学 文 社

〒153-0064　東京都目黒区下目黒3-6-1

電話　03（3715）1501 ㈹

FAX　03（3715）2012

振替　00130-9-98842

http://www.gakubunsha.com

©2016 NARIKIYO Yoshiharu　Printed in Japan

印刷所　新灯印刷

乱丁・落丁の場合は本社でお取替えします。

定価は売上カード，カバーに表示。

ISBN978-4-7620-2673-7